AF655670

संतों के प्रेरक प्रसंग

संतों के प्रेरक प्रसंग

(जीवन का मार्ग प्रशस्त करनेवाली
छोटी-छोटी प्रेरक कथाएँ)

सुरेंद्र सिंह नेगी

प्रभात
पेपरबैक्स
www.prabhatbooks.com

प्रकाशक

प्रभात पेपरबैक्स

4/19 आसफ अली रोड, नई दिल्ली–110002

फोन : 23289555 • 23289666 • 23289777 ❖ फैक्स : 23253233

इ–मेल : prabhatbooks@gmail.com ❖ वेब ठिकाना : www.prabhatbooks.com

संस्करण

2019

सर्वाधिकार

सुरक्षित

मूल्य

एक सौ पच्चीस रुपए

अ.मा.पु.स. 978-93-5186-480-6

मुद्रक

नरुला प्रिंटर्स, दिल्ली

SANTON KE PRERAK PRASANG
by Surendra Singh Negi

Published by **PRABHAT PAPERBACKS**
4/19 Asaf Ali Road, New Delhi-110002

ISBN 978-93-5186-480-6

₹ 125.00

दो शब्द

हमारा देश संत-महात्माओं एवं ऋषि-मुनियों का देश है। उन्हें सांसारिक पदार्थों से आसक्ति नहीं होती। वे सिर्फ जीने भर के लिए जरूरी चीजों का सीमित मात्रा में उपयोग करते हैं। क्रोध, मान, माया और लोभ से संत का कोई प्रयोजन नहीं है। इस प्रकार का जीवन सबके लिए अनुकरणीय होता है।

दूसरों के कल्याण और उत्थान की भावना हर समय उसे पुण्य कार्यों में संलग्न रहने को प्रेरित करती है। संत का मार्गदर्शन आंतरिक दिव्य प्रकाश से होता है। अंतर्मुखता संत जीवन को ऐसी ऊँचाइयाँ प्रदान करती है, जिसकी हम कल्पना भी नहीं कर सकते।

संत का जीवन जीना साधारण मानव के बस की बात नहीं है। संत जीवन में बहुत सी कठिनाइयों का सामना करना पड़ता है। एकांत ही जिसका मित्र है, जिसे भीड़ से कुछ लेना-देना नहीं है। आत्मा की शक्ति, उसकी महत्ता और उसके स्वतंत्र अस्तित्व से जो भली-भाँति परिचित है; खुशी से अपना सर्वस्व खोकर भी, दूसरों का भला करने में शान समझता है; क्रोध, मान, माया, द्वंद्व और प्रसन्नता ने जिसको छुआ तक नहीं है, ऐसी महान् आत्मा ही संत जीवन जीने की हकदार है।

इस संसार में संत की वेशभूषा अपनाकर इस जीवन को अंगीकार करने की होड़ लगी हुई दिखाई देती है, लेकिन बहुत कम ऐसे हैं, जो वास्तव में संत बनने की कोशिश करते हैं। इसमें कोई शक नहीं कि जो लोग गृहस्थ धर्म को निभाते हैं, वे धन्य हैं। जो लोग मेहनत से, उचित साधनों से आजीविका अर्जित करते हैं, व्यवहार कुशल हैं, परहितकारी हैं, खुद जीते हैं और दूसरों को जीने देते हैं, वे मानव असल में किसी संत से कम नहीं हैं। ऐसे लोग असलियत में संत नहीं कहे जा सकते, लेकिन जीवन में शांति को प्रमुखता से स्थान देने के कारण उनका जीवन संतत्व की परिधि में आ जाता है। असल में अशांति मन को रोगी बनाती है।

ऐसी अवस्था में कोई व्यक्ति सार्थक कार्य नहीं कर सकता। सच तो यह है कि शांति जैसा न कोई तीर्थ है और न ही दान। इसलिए अगर संत जीवन जीने में कठिनाई का अनुभव हो रहा हो तो कम-से-कम शांत बनकर अपना और दूसरों का भला करें।

प्रस्तुत पुस्तक संतों के प्रेरक प्रसंग का प्रत्येक दृष्टांत जीवन के बारे में स्पष्ट दृष्टि देता हुआ अमूल्य संदेश देता है। इस आपाधापी भरे युग में जो व्यक्ति सत्संगों का लाभ नहीं उठा पाते, उन्हें इस पुस्तक के द्वारा बहुत कुछ सीखने को मिलेगा। हमारा विश्वास है कि इससे सभी पाठक लाभान्वित होंगे।

अनुक्रम

संत की महानता

एक राजा संत-महात्माओं का बड़ा आदर करता था। एक बार उसके राज्य में किसी सिद्ध संत का आगमन हुआ। राजा ने अपने सेनापति को उन्हें ससम्मान दरबार में लाने का आदेश दिया। सेनापति एक सुसज्जित रथ लेकर संत के पास पहुँचा। राजा के आमंत्रण की बात सीधे कहने के स्थान पर सेनापति ने विनम्रता से सिर झुकाकर अभिवादन करने के बाद कहा, ''हमारे महाराज ने प्रणाम भेजा है। यदि आप अपनी चरणरज से उनके आवास को पवित्र कर सकें तो बड़ी कृपा होगी।''

संत राजमहल में चलने को तैयार हो गए। संत अत्यंत नाटे कद के थे। उन्हें देखकर सेनापति को यह सोचकर हँसी आ गई कि इस ठिगने व्यक्ति से उनका लंबा-चौड़ा और बलिष्ठ राजा आखिर किस तरह का विचार-विमर्श करना चाहता है? संत सेनापति के हँसने का कारण समझ गए। जब संत ने सेनापति से हँसने का कारण पूछा तो वह बोला, ''आप मुझे क्षमा करें। वास्तव में आपके कद पर मुझे हँसी आई, क्योंकि हमारे महाराज बहुत लंबे हैं, उनके साथ बात करने के लिए आपको तख्त पर चढ़ना पड़ेगा।''

यह सुनकर संत मुसकराते हुए बोले, ''मैं जमीन पर रहकर ही तुम्हारे महाराज से बात करूँगा। छोटे कद का लाभ यह होगा कि मैं जब भी बात करूँगा, सिर उठाकर करूँगा, लेकिन तुम्हारे महाराज लंबे होने के कारण मुझसे जब भी बात करेंगे, सिर झुकाकर करेंगे।''

सेनापति को संत की महानता का आभास हो गया कि श्रेष्ठता कद से नहीं, सद्विचारों से आती है। विचार यदि उत्तम और ज्ञानयुक्त हों तो व्यक्ति सच्चे अर्थों में महान् बनकर संपूर्ण समाज के लिए प्रणम्य हो जाता है।

राजा का अभिमान

एक बार एक राज्य में भगवान् बुद्ध पधारे तो राजा के मंत्री ने कहा, ''महाराज, भगवान् बुद्ध का स्वागत करने आप स्वयं चलें।''

यह सुनकर राजा अकड़कर बोला, ''मैं क्यों जाऊँ, बुद्ध एक भिक्षु हैं। भिक्षु के सामने मेरा इस तरह झुकना उचित नहीं होगा। उन्हें आना होगा तो वह स्वयं चलकर मेरे महल तक आएँगे।''

विद्वान् मंत्री को राजा का यह अभिमान अच्छा नहीं लगा। उसने तत्काल कहा, ''महाराज, क्षमा करें। मैं आपके जैसे छोटे आदमी के साथ काम नहीं कर सकता।''

इसपर राजा ने कहा, ''मैं और छोटा! मैं तो इतने बड़े साम्राज्य का स्वामी हूँ। फिर आप मुझे छोटा कैसे कह सकते हैं। मैं बड़ा हूँ, इसी कारण बुद्ध के स्वागत के लिए नहीं जा रहा।''

मंत्री बोला, ''आप न भूलें कि भगवान् बुद्ध भी कभी महान् सम्राट् थे। उन्होंने राजसी वैभव त्यागकर भिक्षु का जीवन स्वीकार किया है, इसलिए वह तो आप से ज्यादा श्रेष्ठ हैं।''

यह सुनकर राजा की आँखें खुल गईं। वह दौड़ा हुआ बुद्ध के पास गया और उसने उनसे दीक्षा ग्रहण कर ली।

दूध में मलाई

एक स्त्री किसी संत से प्रार्थना करती हुई बोली, ''महाराज, आज हमारे घर पधारकर हमें कृतार्थ कीजिए।''

संत उसके यहाँ गए। स्त्री ने उनके लिए एक कटोरी में दूध डाला, लेकिन जब दूध डालते वक्त हाँडी की सारी मलाई कटोरी में गिर गई तो स्त्री के मुँह से बेसाख्ता ''अरे-अरे!'' निकल पड़ा। फिर भी उसने उसमें शक्कर मिलाकर दूध संत के आगे सरका दिया। संत ज्ञान-उपदेश की बातें करते रहे, मगर उन्होंने दूध नहीं पिया। स्त्री समझती रही कि शायद दूध अभी बहुत गरम है, इसलिए संत महाराज नहीं पी रहे।

जब चर्चा खत्म हुई तो संत बिना दूध पिए ही चलने लगे। तब उस स्त्री ने कहा, "महाराज, दूध तो पीजिए।"

संत बोले, "नहीं, तुमने इसमें मलाई और शक्कर के अलावा एक और चीज भी मिला दी है, इसलिए मैं इस दूध को नहीं पी सकता।"

स्त्री बोली, "और क्या मिला दिया है महाराज?"

संत बोले, "अरे-अरे! जिस दूध में 'अरे-अरे!' मिला हुआ है, मैं उसे नहीं पी सकता।"

संत की दलील

दुनिया से दूर, अपनी ही दुनिया में रहनेवाले एक संत के पास एक दिन राजा का दूत पहुँचा। उस समय संत नदी के किनारे बैठे भजन-संध्या कर रहे थे। दूत ने उनसे कहा, "आपको राजा ने अपना प्रधानमंत्री नियुक्त किया है। आपको मेरे साथ चलना होगा।"

संत ने उससे पूछा, "मैंने सुना है कि राजा के पास कछुए की एक बहुत पुरानी खाल पड़ी है, जिसे उन्होंने अपने संग्रहालय में रखा है।"

सेवक ने कहा, "हाँ, बहुत मूल्यवान है वह खाल।"

संत ने कहा, "सोचो, अगर वह कछुआ जिंदा होता तो क्या पसंद करता? राजा के संग्रहालय की शोभा बढ़ाना या जहाँ वह पैदा हुआ उस कीचड़ में लोटना।"

सेवक ने कहा, "उसे तो कीचड़ में लोटना ही ज्यादा पसंद आता।"

तब संत ने कहा, "इसी तरह मैं यहीं अपने घर में रहना अधिक पसंद करता हूँ। पद पाकर आदमी मन की शांति खो बैठता है, कभी उसे अपना सम्मान खोना पड़ता है तो कभी अपनी इच्छा के विरुद्ध जाना पड़ता है। इसलिए जाकर, सम्राट् से आदरपूर्वक कह देना कि मुझे सम्मान देने के लिए धन्यवाद, लेकिन मैं जहाँ हूँ, जैसा हूँ, ठीक हूँ।"

अनुकूलता

एक बार पहाड़ी नदी पार करने की कोशिश में एक बूढ़े संन्यासी का पाँव फिसल गया। वह नदी की तेज धारा में बहने लगे। उनके शिष्य बदहवास-से उनके पीछे भागने लगे। कुछ दूर जाकर नदी एक झरने में तब्दील होकर गहरी घाटी में गिरने लगी। शिष्यों को लगा कि अब घाटी से गुरु का शव ही बरामद होगा। लेकिन जब वे नीचे पहुँचे तो धीमी पड़ी जल-धार में से निकलकर संत मुसकराते हुए चले आ रहे थे।

उन्हें देखकर घबराया हुआ एक शिष्य बोला, ''यह तो चमत्कार है, आपको कुछ नहीं हुआ? आपने खुद को सकुशल कैसे बचाया?''

संत ने कहा, ''खुद को बचाने के लिए क्या करना था, मैं तेज धार को अपने अनुकूल नहीं कर सकता था, इसलिए खुद को ही उसके अनुकूल बना लिया। उसके बहाव में खुद को छोड़ दिया। उसके साथ बहता, उछलता, घूमता, गिरता मैं पानी के साथ गया और पानी के ही साथ वापस भी आ गया।''

मोह बड़ा दुःखरूप

एक बार संत कबीर एक गाँव में गए। वहाँ उन्होंने देखा कि लोग एक वेश्या को गाँव से बाहर निकालना चाहते हैं और वह गाँव छोड़ने के लिए राजी नहीं हो रही है। जब गाँववालों ने उसका घर जलाना चाहा तो कबीर ने उन्हें रोका और कहा कि वे लोग धीरज रखें, वह स्वयं चली जाएगी। कबीर दूसरे दिन सवेरे-सवेरे ही भिक्षापात्र लेकर उस वेश्या के द्वार पर पहुँच गए। एक दिव्य पुरुष को अपने घर के दरवाजे पर भिक्षापात्र लिये देखकर वह अंदर गई और कई पकवान लेकर आई।

कबीरदासजी ने पकवानों की ओर देखा तक नहीं और उससे कहा, ''मैं यहाँ इन पकवानों की भिक्षा लेने नहीं बल्कि तुम्हारा मोहावरण दूर करने के लिए आया हूँ। तुम्हारे भीतर जगत्-जननी का दिव्य रूप है और उसे तुम्हारी कलुषित कामना ने आच्छादित कर रखा है। मैं उसी कलुषित आवरण की भिक्षा माँगने के लिए आया हूँ।''

यह सुनकर उस स्त्री की आँखों से आँसू बहने लगे। बोली, "बाबा क्या यह इतना आसान है? यह मोहावरण तो मेरे शरीर की चमड़ी की तरह मुझसे चिपक गया है। इस चर्म को हटाने से जो वेदना होगी, वह भला मुझसे कैसे सहन हो सकेगी?"

कबीरदासजी ने कहा, "जब तक मुझे मेरी भिक्षा नहीं मिलेगी, मैं यहाँ से नहीं हटूँगा।"

तब उस स्त्री ने यह विचार करने का निश्चय किया कि मोहावरण को हटाना ही होगा और गाँव को छोड़े बिना वह हट नहीं सकता। उसने अपना निश्चय कबीरदास को सुनाया। उसका निश्चय सुनकर उन्हें आत्मसंतोष हुआ और वे मन-ही-मन बोले, "इस द्वार पर भिक्षा के लिए आकर आज मैंने एक नारी के जगन्माता के रूप में दर्शन किए हैं।"

श्रद्धा-भावना

संत एकनाथ के आश्रम में एक लड़का रहता था। वह अपने गुरु एकनाथ की सेवा के लिए सदा तत्पर रहता था, लेकिन वह खाने का शौकीन बहुत था, इसलिए उसका नाम 'पूरणपौड़ा' प्रसिद्ध हो गया। एकनाथ जब इस संसार से प्रयाण करने को थे, तब उन्होंने अपने शिष्यों को बुलाया और कहा, "मैं एक ग्रंथ लिख रहा था, अब शायद वह पूर्ण न हो सके। मेरे जाने के बाद उसे पूरणपौड़ा से पूरा करवा लेना।"

यह सुनकर शिष्यों में हलचल मच गई। उन्होंने कहा, "महाराज, आपका बेटा हरि पंडित भी पढ़-लिखकर शास्त्री बन गया है, यह काम उसके जिम्मे क्यों नहीं देते? यह अनपढ़ लड़का भला उसे क्या पूरा करेगा?"

एकनाथ बोले, "हरि मुझे गुरु के रूप में कम, पिता के रूप में अधिक मानता है। एक गुरु के प्रति जो श्रद्धा-भावना किसी शिष्य के हृदय में होनी चाहिए, वह उसमें नहीं है। पूरणपौड़ा गुरु के प्रति श्रद्धा की भावना के रंग में ओत-प्रोत है, इसलिए शास्त्रीय ज्ञान नहीं होने पर भी अपनी श्रद्धा और निष्ठा के कारण वह इस ग्रंथ को पूर्ण करने में समर्थ होगा। तुम लोग चाहो तो पहले हरि को ही यह काम दे दो, परंतु इसे पूरा पूरणपौड़ा ही करेगा।"

चंचल मन

एक आश्रम में आधी रात को किसी ने संत का दरवाजा खटखटाया। संत ने दरवाजा खोला तो देखा, सामने उन्हीं का एक शिष्य रुपयों से भरी थैली लिये खड़ा है। शिष्य बोला, "स्वामीजी, मैं रुपए दान में देना चाहता हूँ।"

यह सुनकर संत हैरानी से बोले, 'लेकिन यह काम तो सुबह में भी हो सकता था।"

शिष्य बोला, "स्वामीजी, आपने ही तो समझाया है कि मन बड़ा चंचल है। यदि शुभ विचार मन में आए तो एक क्षण भी देर मत करो, वह कार्य तत्काल ही कर डालो। लेकिन कभी मन में बुरे विचार आ जाएँ तो वैसा करने पर बार-बार सोचो। मैंने भी यही सोचा कि कहीं सुबह होने तक मेरा मन बदल न जाए, इसी कारण आपके पास अभी ही चला आया।"

शिष्य की बात सुनकर संत अत्यंत प्रसन्न हुए। उन्होंने शिष्य को गले से लगाकर कहा, "यदि हर व्यक्ति इस विचार को पूरी तरह अपना ले तो वह बुराई के रास्ते पर चल ही नहीं सकता, न ही कभी असफल हो सकता है।"

दुर्व्यसनों से छुटकारा

एक व्यक्ति को शराब और जुए की लत लग गई थी। वह खुद से परेशान रहने लगा। उसके मित्रों ने उसे हिदायत दी कि वह सत्संग में जाए, वहाँ जाने से उसकी यह आदत छूट जाएगी।

एक दिन वह किसी संत से मिला। उसने संत को अपनी पूरी रामकथा सुनाई। संत बहुत विद्वान् थे। उसकी समस्या सुनकर वे मुसकराए। वे उसे अपने साथ दूसरे कमरे में ले गए। वहाँ खिड़की से धूप आ रही थी। उन्होंने उसे खिड़की के पास खड़े होने को कहा। जब वह खिड़की पर खड़ा हुआ तो पिछली दीवार पर उसकी परछाईं पड़ रही थी। संत ने उस परछाईं की ओर इशारा करते हुए पूछा, "क्या तुम इस परछाईं को लड्डू खिला सकते हो?"

संत की बात सुनकर युवक चौंकते हुए बोला, "महाराज, आप यह कैसी बातें कर रहे हैं? भला परछाईं लड्डू खा सकती है? यह असंभव है।"

तब संत ने मुसकराते हुए कहा, "वत्स, बस तुम्हारे साथ भी यही दिक्कत है। तुम परछाईं को लड्डू खिलाने की कोशिश कर रहे हो। जिस प्रकार परछाईं लड्डू नहीं खा सकती, तुम भी सत्संग में जाकर अपनी लत से छुटकारा नहीं पा सकते। इन व्यसनों को छोड़ने के लिए खुद लड्डू खाना होगा। संकल्प लो और छोड़ दो अपनी लत। इससे मुक्त होने का कोई दूसरा उपाय नहीं।"

संतोष

गौतमी नाम की एक स्त्री का बेटा मर गया। वह शोक से व्याकुल होकर रोती हुई महात्मा बुद्ध के पास पहुँची और उनके चरणों में गिरकर बोली, "किसी तरह मेरे बेटे को जीवित कर दो। कोई ऐसा मंत्र पढ़ दो कि मेरा लाल जी उठे।"

महात्मा बुद्ध ने उसके साथ सहानुभूति जताते हुए कहा, "गौतमी, शोक मत करो। मैं तुम्हारे मृत बालक को फिर से जीवित कर दूँगा। लेकिन इसके लिए तुम किसी ऐसे घर से सरसों के कुछ दाने माँग लाओ, जहाँ कभी किसी प्राणी की मृत्यु न हुई हो।"

गौतमी को इससे कुछ शांति मिली, वह दौड़ते हुए गाँव में पहुँची और ऐसा घर ढूँढ़ने लगी, जहाँ किसी की मृत्यु न हुई हो। बहुत ढूँढ़ने पर भी उसे कोई ऐसा घर नहीं मिला। अंत में वह निराश होकर लौट आई और बुद्ध से बोली, "प्रभु, ऐसा तो एक भी घर नहीं, जहाँ कोई मरा न हो।"

यह सुनकर बुद्ध बोले, "गौतमी, अब तुम यह मानकर संतोष करो कि केवल तुम्हारे ऊपर ही ऐसी विपत्ति नहीं आई है, संसार में ऐसा ही होता है और ऐसे दुःख को लोग धैर्यपूर्वक सहते हैं।"

ईश्वर कहाँ है?

एक बार एक जिज्ञासु ने किसी संत से पूछा, "महाराज, ईश्वर कहाँ है?

संत ने कहा, "ईश्वर सबमें है।"

तभी रास्ते पर एक हाथी बेकाबू होकर भागता नजर आया। पीछे-पीछे महावत

चिल्ला रहा था, ''रास्ते से हट जाओ, हाथी पागल है।''

संत तो एक तरफ हो गए। लेकिन जिज्ञासु संत की बात याद कर रास्ते पर ही खड़ा रहा और सोचने लगा कि जब सबमें ईश्वर है तो इस हाथी में भी होगा। हाथी चिंघाड़ता हुआ जिज्ञासु के पास आया और उसे सूँड में उठाकर दूर झाड़ियों में फेंक दिया। उसे बहुत चोट आई। संत उसे देखने गए तो उसने पूछा, ''महाराज, आपने तो कहा था कि ईश्वर सबमें है, फिर ऐसा क्यों हो गया? हाथी में भी अगर ईश्वर था तो उसने मुझ निर्दोष पर हमला क्यों किया?''

संत ने कहा, ''ईश्वर तो उस महावत में भी था, जो हाथी के पीछे-पीछे चिल्लाता आ रहा था कि हाथी पागल है। तुमने उसकी बात क्यों नहीं सुनी?''

संत का हीरा

किसी जंगल में एक संत कुटिया बनाकर रहते थे। उसी जंगल में एक डाकू भी रहता था। जब डाकू को पता चला कि संत के पास कीमती हीरा है तब उसने निश्चय किया कि मैं संत को बिना कष्ट दिए हीरा प्राप्त करूँगा। इसके लिए उसने अनेक प्रयत्न किए, लेकिन वह असफल रहा। तब एक व्यक्ति ने डाकू को सलाह दी कि वह साधु का वेश धारण करके संत के पास जाए।

डाकू साधु के रूप में संत की कुटिया में गया और बोला, ''महात्माजी मुझे अपना शिष्य बना लें।''

संत ने डाकू को कुटिया में रहने का स्थान दे दिया। जब भी संत कुटिया से बाहर जाते, डाकू उनके सामान में हीरा ढूँढ़ने लगता; लेकिन कई दिन के बाद भी उसे हीरा नहीं मिला। आखिर एक दिन उसने संत से कह ही दिया, ''महात्माजी मैं साधु नहीं हूँ। मैं तो केवल हीरा पाने के लिए साधु बना था।''

यह सुनकर संत मुसकराते हुए बोले, ''लेकिन हीरा नहीं मिला। भैया, मैं जब भी बाहर जाता था तो हीरे को तुम्हारे बिस्तर के नीचे रख जाता था। तुम मेरा बिस्तर तो देखते थे, लेकिन अपना बिस्तर नहीं देखते थे। संसार के लोग भी भगवान् को बाहर ढूँढ़ते हैं, जबकि भगवान् तो आंतरिक मन में विद्यमान हैं।''

सत्य के मार्ग पर चलो

एक नगर में एक संत पधारे। उनके उपदेशों का असर यह हुआ कि धीरे-धीरे उनके अनुयायियों की संख्या बढ़ने लगी। इससे उसी नगर का एक पुराना धर्मोपदेशक विचलित हो गया—उसे लगने लगा कि अगर संत ज्यादा दिन नगर में रहे तो उसके पास सत्संग के लिए कोई नहीं आएगा। वह संत से जलने लगा और उनके विषय में अनाप-शनाप बातें फैलाने लगा।

संत के बारे में किया गया दुष्प्रचार एक दिन उनके एक नजदीकी शिष्य के कान में पड़ा। शिष्य ने संतजी को तत्काल इस बारे में बताया। उसने यह भी कहा कि नगर का पुराना धर्मोपदेशक आपके बारे में उलटी-सीधी बातें कर रहा है, इसलिए आपको इसका प्रतिवाद करना चाहिए।

संत यह सुनकर मुसकराते हुए बोले, ''जो लोग मेरे बारे में ऐसी बातें कर रहे हैं, उन्हें मैं क्यों भला-बुरा बोलूँ? क्या मेरे प्रतिवाद करने से मेरे विरुद्ध चल रहा दुष्प्रचार थम जाएगा?'' यह कहकर उन्होंने शिष्य को यह कहानी सुनाई—

''एक हाथी जा रहा था। उसके पीछे कुत्ते भौंकने लगे। लेकिन हाथी अपनी ही मस्ती में चलता रहा। कुत्ते काफी देर तक भौंकते हुए हाथी के पीछे-पीछे चलते रहे, लेकिन आखिर थककर लौट गए। हाथी अगर कुत्तों को समझाने, डाँटने या चुप कराने लगे तो इसका मतलब यह है कि वह कुत्तों की बराबरी कर रहा है, वह अपनी गरिमा भूल गया है। हाथी की गरिमा अपने ढंग की है। इसलिए आप लोग मेरी बुराई सुनकर परेशान न हों और सत्य के मार्ग पर चलते रहें।''

संत की बात सुनकर शिष्य के क्रोध का शमन हो गया।

बुरे लोगों पर रहम

संत अबू हसन कहा करते थे, ''उसी फकीर का जीवन सार्थक है, जो अपने सत्संग और प्रवचन से लोगों को अच्छाई में लगाने में तत्पर रहता है। चूँकि फकीर समाज का दिया भोजन करता है, अतः उसे समाज को उपदेश देकर अपना कर्तव्यपालन करना चाहिए।''

संत अबू हसन जहाँ भी जाते, लोग उनके दर्शन के लिए वहीं पहुँच जाते। वे

उनकी समस्याओं का पता लगा-लगाकर उनके निराकरण का उपाय बताते, उन्हें नशीले पदार्थों को त्यागने, किसी के साथ दुर्व्यवहार न करने तथा सादगी का जीवन जीने की प्रेरणा देते, वह प्रतिदिन कुछ समय दुःखी और रोगी की सेवा करने को कहते।

एक दिन वे जंगल में नमाज अदा करने के बाद दोनों हाथों को फैलाकर कहने लगे, "ऐ खुदा! तू बुरे एवं दुर्व्यसनों से पीड़ित लोगों पर दया कर। अपना समय बुरे कर्मों में बरबाद करनेवालों को सद्बुद्धि दे कि वे अच्छे काम करने लगें।"

उनके शिष्य ने जब यह सुना तो पूछा, "गुरुदेव! फकीर तो अच्छे लोगों के लिए दुआ माँगते हैं, आप बुरे लोगों के लिए दुआ क्यों माँग रहे थे?"

शिष्य की बात सुनकर अबू हसन ने कहा, "अरे पगले! अच्छों क़ो तो पहले ही खुदा की दुआ लगी हुई है। तभी तो वे अच्छे हैं। असली दुआ की जरूरत उन्हें है, जो बुरे हैं। मैं इसीलिए हमेशा खुदा से बुरे लोगों पर रहम करने की प्रार्थना करता हूँ।"

स्वर्ग की प्राप्ति

एक बार ईसामसीह के पास एक धनवान व्यक्ति आया। उसने निवेदन किया, "प्रभु, मैं आपके बताए रास्ते पर चलता हूँ। प्रतिदिन प्रार्थना करता हूँ। लोगों की सेवा करता हूँ। मुझे स्वर्ग भेज दीजिए।"

ईसामसीह ने पूछा, "क्या वास्तव में तुम मेरी शिक्षाओं का पालन करते हो? क्या मेरे प्रत्येक आदेश को मानने के लिए तैयार हो?"

धनवान व्यक्ति बोला, "हाँ प्रभु, मैं आपका हर आदेश मानने को तैयार हूँ।"

ईसामसीह ने कहा, "यदि तुम मेरा हर आदेश मानने को तैयार हो तो मुझे अपनी तिजोरियों की चाबियाँ सौंप दो।"

यह सुनकर धनवान व्यक्ति हक्का-बक्का रह गया। उसने कहा, "भला मैं अपनी तिजोरियों की चाबियाँ कैसे दे सकता हूँ। उन्हीं में तो मेरी सारी जमा-पूँजी है। उनके बिना तो मैं सेवा के कार्य भी नहीं कर सकता।"

यह सुनकर ईसामसीह बोले, "वत्स, अपने लोभ को छिपाने के लिए सेवा की आड़ मत लो। सेवाभावना और परोपकार के लिए धन सँजोने की नहीं, मन सँजोने की जरूरत है। तुम अभी भी लोभ में बँधे हो। कोई भी व्यक्ति जो काम,

क्रोध और मद में जकड़ा है, कभी भी स्वर्ग प्राप्त नहीं कर सकता। स्वर्ग प्राप्ति के लिए इन बंधनों से मुक्त होना जरूरी है।''

यह सुनकर धनवान व्यक्ति लज्जित हो गया।

मेहनत की कमाई

चीन में लीत्सु नामक एक संत रहते थे। वह इतने गरीब थे कि कई बार उन्हें और उनकी पत्नी को भूखे पेट सो जाना पड़ता था। फिर भी लीत्सु ने कभी किसी के सामने हाथ नहीं फैलाया। मेहनत से वह जो कुछ कमाते, उसी से अपना गुजारा करते। विद्वत्ता, सादगी, ईमानदारी के कारण उनका नाम प्रसिद्ध था। वहाँ का राजा भी उनकी ईमानदारी से प्रभावित था।

एक दिन मंत्री ने राजा से कहा, ''राजन् हमें उनकी आर्थिक सहायता करनी चाहिए।''

राजा ने तत्काल आदेश दे दिया और अन्न-धन से भरी एक गाड़ी भेज दी। यह देख लीत्सु की पत्नी की आँखें खुशी से छलछला आईं। उन्होंने सोचा कि हमारे खराब दिन चले गए हैं। अब हमें भूखे पेट नहीं सोना पड़ेगा।

राज्य कर्मचारियों ने लीत्सु से कहा, ''महात्माजी, हमारे राजा ने आपके लिए दान भेजा है। कृपया इसे स्वीकार करें।''

लीत्सु बोले, ''राजा के साथ मेरा कोई परिचय नहीं है। न तो उन्होंने और न ही मैंने आज तक उन्हें देखा है। सुनी-सुनाई बातों पर दान भेजा है। जो आनंद संतोष, मेहनत की कमाई से मिलता है, वह दान की किसी वस्तु में कहाँ?''

प्रेम के आँसू

एक महात्मा हिमालय पर रहते थे। एक दिन कुछ लोगों की एक टोली उनके पास पहुँची। उन लोगों ने महात्मा से आत्मिक उन्नति का मार्ग पूछा। महात्मा ने बताया, ''सांसारिक मोह-माया में फँसकर आत्मिक उन्नति नहीं हो सकती। लोग दुनिया की मोह-माया में फँस जाते हैं और उनकी आत्मा पर परदा पड़ जाता है।''

फिर महात्मा ने उन लोगों से पूछा, ''क्या आप लोग गोमुख जाएँगे? वहाँ मेरा एक शिष्य रहता है। उससे मिल लेना। पहले वह मेरे साथ ही रहता था, लेकिन मुझे छोड़कर वह चला गया। पता नहीं, अब वह कैसा होगा?'' यह कहते-कहते महात्माजी की आँखों में आँसू आ गए।

महात्मा की आँखों में इस प्रकार आँसू देखकर एक सदस्य ने कहा, ''महाराज, अभी आप हमें मोह-माया छोड़ने का उपदेश दे रहे हैं, लेकिन आप तो स्वयं मोहग्रस्त हैं।''

महात्मा ने कहा, ''मेरे आँसू मोह के नहीं, बल्कि प्रेम के हैं। मोह बाँधता है, जबकि प्रेम उबारता है।''

अमीरी-गरीबी

एक बार एक बहुत ही दरिद्र आदमी, जिसे कभी भर पेट अन्न नहीं मिलता था, घबराकर एक महात्मा के पास पहुँचा और बोला, ''महाराज, मैं धन के बिना बड़ा अशांत हूँ, खाने को अन्न नहीं, पहनने को वस्त्र नहीं, ऐसी कृपा करो कि मैं पूर्ण धनी हो जाऊँ।''

संत को उसपर दया आ गई। उसके पास एक पारसमणि थी, उन्होंने वह पारसमणि उसे देते हुए कहा, ''जाओ, इससे जितना चाहो, सोना बना लेना।''

पारसमणि पाकर वह दरिद्र व्यक्ति खुशी-खुशी अपने घर आ गया और पारसमणि से बहुत सा सोना बनाया, फिर वह धनी बन गया। उसकी गरीबी दूर हो गई, लेकिन अब उसे अमीरी का दुःख सताने लगा। नित्य नए दुःख, राज्य का दुःख, चोरों का भय, सँभालने की परेशानी, किसी प्रकार का चैन नहीं।

एक दिन वह हारकर फिर संत के पास गया और बोला, ''महाराज आपने गरीबी का दुःख तो दूर कर दिया, लेकिन मैं जानता नहीं था कि अमीरी में भी दुःख होता है। उन दुःखों ने मुझे घेर लिया है। कृपया कर इनसे बचाइए।''

संत बोले, ''लाओ पारसमणि मुझे लौटा दो, फिर वैसा ही हो जाएगा।''

वह व्यक्ति बोला, ''नहीं महाराज, अब मैं गरीब तो नहीं होना चाहूँगा, लेकिन ऐसा सुख दीजिए, जो गरीबी और अमीरी में बराबर मिले, जो मृत्यु के समय भी कम न हो।''

संत बोले, "ऐसा सुख तो ईश्वर में है। आत्मज्ञान में है। तू आत्मज्ञान को प्राप्त कर।" यह कहकर संत ने उसे आत्मज्ञान का उपदेश देकर आत्म-दर्शन कराया और पूर्ण बना दिया। गीता में कहा गया है—सुखी वही है, जो आत्मन्येव आत्मनः तुष्ट होता है।

ईश्वरीय प्रेम

एक गृहस्थ त्यागी, महात्मा थे। एक बार एक सज्जन दो हजार सोने की मोहरें लेकर उनके पास आए और बोले, "महाराज, मेरे पिताजी आपके मित्र थे, उन्होंने धर्मपूर्वक अर्थोपार्जन किया था। मैं उसी में से कुछ मोहरों की थैली लेकर आपकी सेवा में उपस्थित हुआ हूँ, इन्हें स्वीकार कर लीजिए।" यह कहकर वह सज्जन थैली महात्मा के सामने रखकर चले गए।

महात्मा उस समय मौन थे, कुछ बोले नहीं। पीछे से महात्मा ने अपने पुत्र को बुलाकर कहा, "बेटा, मोहरों की यह थैली अमुक सज्जन को वापस दे आओ। उनसे कहना, तुम्हारे पिता के साथ मेरा पारमार्थिक ईश्वर को लेकर प्रेम का संबंध था, सांसारिक विषय को लेकर नहीं।"

यह सुनकर पुत्र बोला, "पिताश्री! आपका हृदय क्या पत्थर का बना है? आप जानते हैं, अपना परिवार बड़ा है और घर में कोई धन गड़ा नहीं है। बिना माँगे उस भले सज्जन ने मोहरें दी हैं तो इन्हें अपने परिवारवालों पर दया करके ही आपको स्वीकार कर लेना चाहिए।"

महात्मा बोले, "बेटा, क्या तेरी ऐसी इच्छा है कि मेरे परिवार के लोग धन लेकर मौज करें और मैं अपने ईश्वरीय प्रेम को बेचकर बदले में सोने की मोहरें खरीदकर दयालु ईश्वर का अपराधी बनूँ? नहीं, मैं ऐसा कदापि नहीं करूँगा।"

माँ की महानता

स्वामी विवेकानंद से एक जिज्ञासु ने पूछा, "स्वामीजी, संसार में माँ की महानता को क्यों इतना महत्त्व दिया जाता है?"

स्वामीजी मुसकराकर बोले, "पहले तुम पाँच सेर का एक पत्थर कपड़े में लपेटकर अपनी कमर में बाँधों और फिर चौबीस घंटे के बाद मेरे पास आना, तब मैं तुम्हें तुम्हारे प्रश्न का उत्तर दूँगा।"

उस व्यक्ति ने वैसा ही किया, लेकिन कुछ ही घंटों बाद वह विवेकानंद के पास पहुँचा और बोला, "स्वामीजी, आपने एक प्रश्न पूछने की इतनी बड़ी सजा क्यों दी?"

विवेकानंद बोले, "इस पत्थर का बोझ तुमसे चंद घंटे भी नहीं सहा गया और माँ नौ महीने तक शिशु का बोझ उठाती है। इस बोझ के साथ वह काम भी करती है और कभी विचलित नहीं होती। माँ से अधिक सहनशील कोई नहीं हो सकता। इसलिए वह सबसे महान् है।"

पद्धति और शिल्प

प्रवचन करते हुए महात्माजी कह रहे थे कि आज का प्राणी मोह-माया के जाल में इस प्रकार जकड़ गया है कि उसे आध्यात्मिक चिंतन के लिए अवकाश नहीं मिलता। प्रवचन समाप्त होते ही एक सज्जन ने प्रश्न किया, "महाराज, आप ईश्वर संबंधी बातें लोगों को बताते रहते हैं, लेकिन क्या आपने स्वयं कभी ईश्वर के दर्शन किए हैं?"

महात्माजी बोले, "मैं तो प्रतिदिन ईश्वर के दर्शन करता हूँ। तुम भी प्रयास करो तो तुम्हें भी दर्शन हो सकते हैं।"

वह व्यक्ति बोला, "महाराज, मैं तो कई वर्षों से पूजा कर रहा हूँ, लेकिन आज तक ईश्वर के दर्शन नहीं कर पाया।"

महात्मा मुसकराते हुए बोले, "ईश्वर को प्राप्त करना एक पद्धति नहीं, बल्कि एक शिल्प है।"

उस व्यक्ति ने जिज्ञासा प्रकट की, "आखिर पद्धति और शिल्प में क्या अंतर है?"

महात्मा ने समझाते हुए कहा, "मान लो, तुम्हें कोई मकान या पुल बनवाना है तो उसके लिए तुम्हें किसी वास्तुकार से नक्शा बनवाना पड़ता है, लेकिन तुम

उस नक्शे को देखकर मकान या पुल नहीं बनवा सकते, क्योंकि वह नक्शा तुम्हारी समझ से परे है।

तुम फिर किसी अभियंता या राज मिस्त्री की शरण में जाते हो। वह नक्शे के आधार पर मकान या पुल बना देता है, क्योंकि वह उस शिल्प को समझाता है। नक्शा मात्र एक पद्धति है। ईश्वर के पास पहुँचने का रास्ता तो सभी लोग दिखाते हैं, लेकिन शिल्प शायद ही कोई जानता है।''

शिक्षा और संस्कार

संत तिरुवल्लुवर जहाँ भी जाते, लोगों की भीड़ उन्हें घेर लेती थी और अपनी समस्याओं के समाधान के लिए उनके प्रवचन सुनती। एक बार किसी नगर में उनका प्रवचन चल रहा था। इसी बीच नगर के एक धनाढ्य सेठ हाथ जोड़कर खड़े हुए, बोले, ''महाराज, मैंने जीवन भर धन एकत्रित किया, यह सोचकर कि मेरा इकलौता बेटा मेरे इस धन से सुखपूर्वक जीवनयापन करेगा, लेकिन ऐसा नहीं हुआ। अब वह मेरी पसीने की कमाई को पानी की तरह दुर्व्यसनों में लुटा रहा है। बताइए, मैं क्या करूँ?''

सेठ की बात सुनकर संत ने पूछा, ''अच्छा तुम यह बताओ, क्या तुमने अपने बेटे को अच्छा-संस्कारवान बनने के लिए शिक्षा दी है?''

सेठ बोला, ''नहीं महाराज, मुझे तो यह ध्यान ही नहीं रहा। मैं तो बस धन कमाने को ही अपने जीवन का लक्ष्य समझता रहा।''

तब संत ने सेठ को समझाया, ''एक पिता का सबसे पहला कर्तव्य है कि वह अपनी संतान को शिक्षा दिलाए और अच्छे संस्कारों से जोड़े। शिक्षा और संस्कार जुड़ गए तो धन तो वह कमा ही लेगा। यदि आज भी तुमने इधर ध्यान दिया तो बेटे का भविष्य तुम्हारे अनुकूल बन सकता है, क्योंकि समय पर उठाया गया सही कदम हमें सही रास्ते की ओर ले जाता है। बाकी ईश्वर पर छोड़ देना चाहिए।''

श्रेष्ठ कौन?

एक बार एक विरक्त महात्मा जंगल में बैठे भगवान् का भजन कर रहे थे। तभी एक कुत्ता वहाँ आया और उनके पास बैठ गया। कुछ देर में उधर से कुछ युवक गुजरे उनमें से एक ने महात्मा से व्यंग्यपूर्ण ढंग से कहा, "बाबा, आप गाँव भर में घूम-घूमकर माँगकर खाते हैं और निठल्ले रहते हैं, जबकि आपके बराबर में बैठा यह जानवर लोगों का दिया खाता तो जरूर है, मगर बदले में गाँव की चौकीदारी भी करता है। अब आप ही बताएँ कि श्रेष्ठ कौन है?"

उस युवक की बात सुनकर महात्मा मुसकराकर बोले, "वत्स, यदि मैं ईश्वर का भजन करने के साथ-साथ दीन-दुखियों की सेवा करने के लिए भी हर पल तत्पर रहता हूँ, तब तो इस पशु से मैं श्रेष्ठ हूँ और यदि मैं केवल अपने भोग-विलास के लिए ही जीवन जीता हूँ और दीन-दुखियों की सेवा से विमुख रहता हूँ तो निश्चय ही यह मुझसे श्रेष्ठ है।"

महात्मा के इस विनम्र व स्पष्ट उत्तर ने युवकों को शर्मिंदा कर दिया, उन्होंने भविष्य में बिना सोचे-समझे किसी भद्रजन पर व्यंग्य न करने का संकल्प लिया।

अक्लमंद की पहचान

मुहम्मद जफर सादिक एक महान् संत थे। एक दिन उन्होंने एक व्यक्ति से पूछा, "अक्लमंद की क्या अलामत है?"

वह व्यक्ति बोला, "जो नेकी और बदी में तमीज कर सके।"

संत सादिक ने इस पर कहा, "यह काम तो जानवर भी करते हैं, क्योंकि जो उनकी सेवा करते हैं, उन्हें वे नहीं काटते और जो उन्हें कष्ट व नुकसान पहुँचाते हैं, उन्हें वे नहीं छोड़ते।"

संत की बात सुनकर वह व्यक्ति बोला, "महाराज, तब आप ही अक्लमंद व्यक्ति की पहचान बताइए।"

तब संत ने कहा, "वत्स, अक्लमंद वह है, जो दो अच्छी बातों में यह जान सके कि ज्यादा अच्छी बात कौन सी है और दो बुरी बातों में यह बता सके कि ज्यादा बुरी बात कौन सी है? यदि उसे अच्छी बात बोलनी हो तो वह उस बात को

कहे, जो ज्यादा अच्छी हो और बुरी बात कहने की लाचारी पैदा हो जाए तो जो कम बुरी है, उसे बताए और बड़ी बुराई से बचें।''

संत सादिक द्वारा अक्लमंद की दी गई परिभाषा से वह व्यक्ति सहमत हो गया।

गृहस्थ और संन्यासी

दोपहर के समय एक विद्वान् संत कबीर के पास आया और बोला, ''महाराज, मैं गृहस्थ बनूँ या साधु?''

कबीर ने सवाल का जवाब दिए बिना अपनी पत्नी से कहा, ''दीपक जलाकर ले आओ।'' फिर कबीर उस विद्वान् को लेकर एक वृद्ध साधु के घर गए और आवाज दी, ''मेहरबानी कर नीचे आ जाइए, मुझे आपके दर्शन करने हैं।''

साधु ऊपर से नीचे उतर आए और दर्शन देकर चले गए। वह ऊपर पहुँचे ही थे कि कबीर ने फिर पुकारा, ''एक काम है।''

साधु नीचे आए, तब कबीर ने कहा, ''एक सवाल पूछना था, लेकिन भूल गया।''

साधु मुसकराते हुए बोले, ''कोई बात नहीं, याद कर लीजिए।' यह कहकर वे ऊपर चले गए। कबीर ने कई बार उन्हें नीचे बुलाया और वह आए। तब कबीर ने विद्वान् से कहा, ''अगर इन साधु जैसी क्षमा रख सकते हो तो साधु बन जाओ और यदि मेरी जैसी वितन स्त्री मिल जाए, जो बिना तर्क किए कि दिन में दीये की क्या जरूरत है, तुम्हारे कहने पर दिन में भी दीया जलाकर ले आए तो, गृहस्थ जीवन अच्छा है।''

संत का प्रेम

एक बार एक संत किसी जंगल से गुजर रहे थे। उनके पीछे-पीछे एक आदमी उन्हें गालियाँ देते हुए चला आ रहा था। संत उसे बिना कुछ कहे शांत भाव से अपनी राह चलते रहे। जब जंगल खत्म होने को आया और दूर से बस्ती दिखने

लगी तो संत वहीं ठहर गए। फिर प्रेमभाव से उस आदमी से बोले, ''भाई, मैं यहाँ रुका हुआ हूँ। जितना जी चाहे, तू मुझे गालियाँ दे ले।''

यह सुनकर वह आदमी बड़ा हैरान हुआ। उसने पूछा, ''ऐसा क्यों?''

संत बोले, ''ऐसा इसलिए, क्योंकि बस्ती के लोग मुझे मानते हैं। यदि उनके सामने तुम मुझे गालियाँ दोगे तो वे सह नहीं पाएँगे, तुम्हारी पिटाई कर सकते हैं।''

उस आदमी ने आश्चर्यचकित होकर पूछा, ''तो इससे आपको क्या?''

संत ने सहज भाव से समझाया, ''तुम्हें तंग किया जाएगा तो मुझे दुःख होगा। चार कदम कोई संत के पीछे चले तो संत का हृदय उसकी भलाई चाहने लगता है। फिर तू तो काफी समय से मेरे पीछे चला आ रहा है। अतः मुझे तुमसे स्नेह हो गया है।''

संत की वाणी सुनते ही वह दुष्ट आदमी संत के चरणों में गिर पड़ा और उसने हाथ जोड़कर माफी माँगी। वे संत समर्थ रामदास थे।

चार दिन की दुनिया

संत बहलोल जिस राज्य में रहते थे, वहाँ का शासक बेहद लालची और अत्याचारी था। एक बार वर्षा अधिक होने के कारण कब्रिस्तान की मिट्टी बह गई। कब्रों में हड्डियाँ आदि नजर आने लगीं। संत बहलोल वहीं बैठकर कुछ हड्डियों को सामने रख उनमें से कुछ तलाश करने लगे। उसी समय बादशाह की सवारी उधर आ निकली। राजा ने संत बहलोल से पूछा, ''तुम इन मुरदा हड्डियों में क्या तलाश रहे हो?''

संत बहलोल ने कहा, ''राजन्, मेरे और आपके बाप-दादा इस दुनिया से जा चुके हैं। मैं खोज रहा हूँ कि मेरे बाप की खोपड़ी कौन सी है और आपके अब्बा हुजूर की कौन सी?''

यह सुनकर बादशाह हँसते हुए बोला, ''क्या नादानों जैसी बातें कर रहे हो? भला मुरदा खोपड़ियों में कुछ फर्क हुआ करता है, जो तुम इन्हें पहचान लोगे।''

संत बहलोल ने कहा, ''तो फिर हुजूर, चार दिन की झूठी दुनिया की चमक के लिए बड़े लोग मगरूर होकर गरीबों को छोटा क्यों समझते हैं?''

बहलोल के ये शब्द बादशाह के दिल पर तीर की तरह असर कर गए। बहलोल को धन्यवाद देते हुए उस दिन से बादशाह ने जुल्म करना बंद कर दिया।

आध्यात्मिक कमाई

किसी गाँव में दो युवक रहते थे। एक जहाँ सत्संग प्रेमी था, वहीं दूसरे को साधु-संतों पर तनिक भी विश्वास न था। एक दिन गाँव में एक महात्मा आए। सत्संग प्रेमी युवक उनके पास जाने लगा। उसने अपने मित्र से भी चलने को कहा। उसके मित्र ने सोचा कि आज महात्माजी की परीक्षा ली जाए। यह सोचकर वह भी चल पड़ा।

महात्माजी के पास पहुँचकर उसने कहा, ''क्यों महाराज, दुनियादारी के कर्तव्य नहीं निभा पाए तो साधु बन गए। हम संसारी लोगों को कितनी मेहनत करनी पड़ती है, तब जाकर पेट भरता है, जबकि साधु तो मुफ्त का माल खाते हैं।''

यह सुनकर महात्माजी मुसकराते हुए बोले, ''हम आध्यात्मिक कमाई करते हैं। हम लोगों का जो खाते हैं, उसे उपदेश के रूप में ब्याज सहित लौटा भी देते हैं। यह मुफ्त का खाना तो नहीं हुआ।''

महात्मा की बात सुनकर युवक निरुत्तर हो गया।

पहले खुद को सुधारो

एक गाँव में एक ढोंगी बाबा बैठा-बैठा लोगों को प्रवचन देता था। वह एक ही बात कहता, 'कभी किसी पर क्रोध मत करो।' एक दिन एक महात्मा वहाँ से गुजरे। लोगों से बाबा की बात सुन वे स्वयं उनके पास गए और बोले, ''बाबा मुझे ऐसा सरल सूत्र बताएँ, जिससे मैं हमेशा खुश रहूँ।''

बाबा बोला, ''बस एक काम करो, कभी किसी पर क्रोध मत करना।''

महात्मा ने थोड़ा कम सुनने का नाटक किया और पुनः पूछा, ''क्या कहा? मैंने सुना नहीं।''

बाबा थोड़ा जोर देकर बोला, ''क्रोध मत किया कर!''

महात्मा ने पुनः कहा, ''थोड़ा ठीक से एक बार और बताइए।''

उस महात्मा ने फिर न सुनने का नाटक करते हुए चौथी बार पूछा तो बाबा ने क्रोध में आकर छड़ी उठा ली और उस महात्मा के सिर पर दे मारी।

तब महात्मा ने मुसकराकर कहा, ''जब क्रोध न करना जीवन में शांति और सफलता का मंत्र है, तो फिर आपने मुझ पर क्रोध क्यों किया? पहले आप स्वयं क्रोध से मुक्त हों फिर दूसरों को सिखाएँ।''

ढोंगी बाबा समझ गया कि उसके सामने कोई सामान्य व्यक्ति नहीं बल्कि एक सिद्ध महात्मा खड़े हैं। वह लज्जित होकर उनके चरणों में गिर पड़ा।

संतों की संगति

एक बार संत नामदेवजी के सत्संग में गृहस्थ श्यामनाथ अपने पुत्र तात्या को लेकर आए। श्यामनाथजी पक्के धार्मिक और सत्संगी थे, जबकि उनका पुत्र धर्म-कर्म और साधु-संतों की संगत से भी दूर भागता था। श्यामनाथ ने नामदेव को शीश नवाते हुए कहा, ''महाराज, यह मेरा पुत्र तात्या है। सारा दिन कामचोरी और आवारागर्दी में व्यतीत करता है। सत्संग के नाम से भी बिदकता है। कृपया इसका मार्गदर्शन कीजिए।''

यह सुनकर संत नामदेव उन दोनों को मंदिर के पीछे लंबे-चौड़े दलान में ले गए। वहाँ एक कोने पर एक लालटेन जल रही थी; लेकिन संत उन दोनों को लालटेन से दूर दूसरे अँधेरे कोने में ले गए तो तात्या बोल पड़ा, ''महाराज, यहाँ अँधेरे कोने में क्यों? वहाँ लालटेन के पास चलिए न। वहाँ हमें लालटेन का उचित प्रकाश भी मिलेगा और हम एक-दूसरे को देख भी सकेंगे।''

यह सुनकर नामदेव मुसकराते हुए बोले, ''पुत्र, तुम्हारे पिता भी तुम्हें रात-दिन यही समझाने में लगे रहते हैं। हमें प्रकाश तो लालटेन के पास जाने से ही मिलता है। लेकिन हम अंधकार में ही हाथ-पैर मारते रह जाते हैं। ठीक इसी प्रकार हमें आध्यात्मिक और व्यावहारिक ज्ञान भी संतों की संगति में ही मिलता है। सत्संग हमारे कोरे और मलिन हृदयों को चाहिए। संत ही हमारे पथ के दीपक होते हैं।''

संत ज्ञानदेव के सटीक व सहज भाव से दिए गए ज्ञान ने तात्या की आत्मा को भी प्रकाशवान बना दिया।

प्रशंसा और निंदा

एक महात्मा का शिष्य अनेक वर्षों से उनकी सेवा-टहल कर रहा था। वह महात्मा के गुणगान करते न थकता था। लेकिन एक दिन महात्माजी की कोई बात उसे चुभ गई। उस दिन से वह उनका प्रबल विरोधी बन गया। जो पहले दिन-रात उनकी महिमा गाता था, अब हर वक्त निंदा करने लगा।

बल्कि महात्मा को बदनाम करने का कोई मौका हाथ से नहीं जाने देता। निंदा की ये बातें महात्माजी के कानों तक भी पहुँचीं, लेकिन वे शांत रहे।

इस पर आश्चर्य जताते हुए एक अन्य शिष्य ने उनसे पूछा, ''गुरुदेव, कल तक तो वह आपका भक्त था, अब वह आपका शत्रु बनकर आपकी घोर निंदा करता है। आप उसकी गलत बातों का खंडन क्यों नहीं करते?''

महात्मा ने उसकी बात को हँसकर टालते हुए कहा, ''देखो, जैसे प्रशंसा शाश्वत नहीं होती, वैसे ही निंदा भी शाश्वत नहीं होती। निंदा या प्रशंसा दोनों का ही कोई-न-कोई कारण होता है। अत: इन्हें पाकर हमें हर्ष या शोक नहीं करना चाहिए। और फिर जो भूल एक अज्ञानी करता है, वैसी भूल ज्ञानवान व्यक्ति को नहीं करनी चाहिए। इसीलिए मैं अपने पूर्व शिष्य की बातों का बुरा नहीं मानता।''

महात्मा की ये बातें सुनकर शिष्य का मन शांत हो गया।

खोटे सिक्के

संत रैदास जूते सीकर अपनी रोजी-रोटी चलाते थे। एक बार वे संतों के किसी समागम से जब अपनी दुकान पर लौटे तो उनके एक शिष्य ने शिकायत की, ''गुरुदेव, गऊ घाटवाला रामजतन मुझसे जूते सिलाने आया था। सिलाई के बदले खोटे सिक्के देकर मुझे ठगना चाहता था। मैंने जूते सिलने से मना कर दिया।''

यह सुनकर संत रैदास ने मुसकराकर अत्यंत सहज भाव से कहा, ''क्यों नहीं

सिल दिए? मुझे तो वह हमेशा ही खोटे सिक्के देता है।''

शिष्य ने सोचा था कि रैदास कहेंगे कि लौटाकर ठीक किया। लेकिन यह तो उलटी ही बात सुनने को मिली। उसने पूछा, ''गुरुजी, ऐसा क्यों?''

तब संत रैदास ने उसे समझाया, ''यह सोचकर सिल देता हूँ कि उसे कोई परेशानी न हो।''

शिष्य ने पूछा, ''और आप खोटे सिक्कों का क्या करते हैं?

रैदास ने कहा, ''वत्स, मैं उन्हें जमीन में गाड़ देता हूँ, ताकि कोई और दूसरा उसकी वजह से न ठगा जाए।''

अतिथि सत्कार

किसी जंगल में एक महात्मा कुटी बनाकर रहते थे। वे बड़े अतिथि-भक्त थे। नित्य-प्रति जो भी पथिक उनकी कुटिया के सामने से गुजरता था, उसे रोककर भोजन दिया करते थे और आदरपूर्वक उसकी सेवा किया करते थे।

एक दिन किसी पथिक की प्रतीक्षा करते-करते उन्हें शाम हो गई, लेकिन कोई राही न निकला। उस दिन नियम टूट जाने की आशंका में वे बड़े व्याकुल हो रहे थे कि उन्होंने देखा कि सौ साल का एक बूढ़ा थका-हारा चला आ रहा है। महात्माजी ने उसे रोका और हाथ-पैर धुलाए, भोजन परोसा।

बूढ़ा बिना भगवान् को भोग लगाए और बिना धन्यवाद दिए तत्काल भोजन करने लगा। यह देखकर महात्मा को बड़ा आश्चर्य हुआ और बूढ़े से इस बात की शंका की। बूढ़े ने कहा, ''मैं तो अग्नि को छोड़कर न किसी ईश्वर को मानता हूँ, न किसी देवता को।''

महात्माजी उसकी नास्तिकतापूर्ण बातें सुनकर बड़े क्रुद्ध हुए और उसके सामने से भोजन का थाल खींच लिया तथा बिना यह सोचे कि रात में वह इस जंगल में कहाँ जाएगा, कुटी से बाहर कर दिया। बूढ़ा अपनी लकड़ी टेकता हुआ एक ओर चला गया।

रात में महात्माजी ने स्वप्न देखा। स्वप्न में भगवान् कह रहे थे, ''साधु, उस बूढ़े के साथ किए तुम्हारे व्यवहार ने अतिथि सत्कार का सारा पुण्य क्षीण कर दिया।''

महात्मा ने कहा, ''प्रभु, उसे तो मैंने इसलिए निकाला कि उसने आपका अपमान किया था।''

भगवान् बोले, ''ठीक है, वह मेरा नित्य अपमान करता है तो भी मैंने उसे सौ साल तक सहा, लेकिन तुम एक दिन भी न सह सके।'' यह कहकर भगवान् अंतर्धान हो गए और महात्मा की आँख खुल गई।

आसान उपाय

एक बार एक डाकू एक संत के पास आया और बोला, ''महाराज, मैं लूट-मार से परेशान हो गया हूँ। कोई रास्ता बताइए, जिससे मैं इन बुराइयों से बच सकूँ।''

संत बोले, ''बुराई करना छोड़ दो, इससे बच जाओगे।''

डाकू ने उनकी बात मान ली। कुछ दिनों बाद वह फिर लौटकर आया। उसने संत से कहा, ''महाराज, मैंने बुराई छोड़ने की बहुत कोशिश की, लेकिन छोड़ नहीं पाया। अपनी आदत से मैं लाचार हूँ। मुझे कोई और उपाय बताइए।''

संत ने थोड़ी देर सोचा, फिर बोले, ''अच्छा ऐसा करो कि तुम्हारे मन में जो भी बात उठे, उसे कर डालो, लेकिन अगले दिन उसे दूसरे लोगों से कह दो।''

संत की बात सुनकर डाकू को बेहद खुशी हुई। उसने सोचा कि अब वह बेधड़क डाका डालेगा और दूसरों से कह देगा। यह तो बहुत आसान है। वह खुशी-खुशी संत के चरण छूकर घर लौट गया।

कुछ दिन बीते, वह फिर संत के पास आया और बोला, ''महाराज, आपने मुझे जो उपाय बताया था, उसे मैंने बहुत आसान समझा था, लेकिन वह निकला बड़ा मुश्किल। बुरा काम करना जितना कठिन है, उससे कहीं अधिक कठिन है दूसरों के सामने अपनी बुराइयों को कहना। मैंने दोनों में से आसान रास्ता चुना है। मैंने डाका डालना ही छोड़ दिया है।''

बंधन मुक्त संन्यासी

एक बार एक संत को एक राजा अपने राजमहल में ले आया और वैसी ही सुख-सुविधाओं में रहने की व्यवस्था कर दी। कुछ दिन बाद राजा ने पूछा, "महात्मन्, हम-आप तो अब एक ही स्थिति के हो गए।"

संत ने उस समय तो कुछ उत्तर न दिया। लेकिन दूसरे दिन प्रातः जब टहलने के समय दोनों कुछ मील चले गए तो संत ने कहा, "राजन्, हम-आप एक ही स्थिति में हैं, चलें अब कुछ वर्ष वन में तप करें, घर न लौटें।"

संत की बात सुनकर राजा बोला, "मेरा सारा काम बिगड़ जाएगा। मैं तो वन नहीं जा सकता। मुझे घर ही लौटना पड़ेगा। अब आप भले ही वन चले जाएँ।"

संत ने कहा, "राजन, मनुष्यों का स्तर उनकी बाह्य स्थिति में नहीं, वरन् आंतरिक स्थिति से लगाया जा सकता है। वन में रहकर भी लोभ, मोह में फँसा हुआ व्यक्ति अनुरक्त है और अनेक सांसारिक कार्यों को लोकहित की दृष्टि से करनेवाला विरक्त, आप मोह और स्वार्थ छोड़कर राजकाज चलाएँ तो गृहस्थ में रहकर भी विरक्त हो सकते हैं। तब आपको लोभ नहीं, कर्तव्य ही प्रधान दृष्टिगोचर होगा।"

कर्म करो, फल की चिंता मत करो

एक व्यक्ति एक संत से मिलने आया। संत उस समय अपने आश्रम के पास की जमीन खोद रहे थे। उस व्यक्ति ने संत को प्रणाम किया और कहा, "महाराज, मैं आपसे गीता का रहस्य जानना चाहता हूँ।"

संत ने कहा, "अच्छा, आप बैठिए।" यह कहकर वह पुनः अपने काम में लग गए। वह व्यक्ति चुपचाप उन्हें फावड़ा चलाते हुए देखता रहा। वह सोच रहा था कि पता नहीं कब संत का काम समाप्त होगा और वह उसे गीता का ज्ञान कराएँगे। जब काफी समय बीत गया तो उस व्यक्ति का धैर्य चुकने लगा। आखिरकार उसने कहा, "मैं तो आपकी ख्याति सुनकर बहुत दूर से आपके पास आया था, लेकिन आपके लिए समय की कोई कीमत ही नहीं है।"

यह सुनकर संत मुसकराते हुए बोले, "भाई, तब से मैं गीता का रहस्य ही तो समझा रहा हूँ।"

वह व्यक्ति आश्चर्य से बोला, ''कहाँ समझा रहे हैं। तब से तो मैं बैठा हुआ हूँ। और आप फावड़ा चला रहे हैं। आप तो एक शब्द भी नहीं बोले।''

संत बोले, ''बोलने की आवश्यकता ही कहाँ है, गीता का उपदेश है कर्म करो और फल की चिंता न करो। देखो, मैं अपना कर्म कर रहा हूँ। अब वह व्यक्ति समझ गया कि संत का आशय क्या है।

छिद्र वाला पात्र

एक बार एक संन्यासी के पास एक सेठ आया। उसके पास अपार संपत्ति थी, लेकिन शांति न होने से दुःखी था। आते ही उसने संन्यासी से कहा, ''महाराज, मैं बहुत दुःखी हूँ। ऐसा कोई मंत्र बताएँ कि मेरा दुःख नष्ट हो जाए।''

संन्यासी ने कहा, ''मैं भूखा हूँ। पहले मुझे भोजन कराओ फिर मंत्र बताऊँगा।''

सेठ ने संन्यासी के लिए दूध मँगवाया। संन्यासी ने अपने झोले से सैकड़ों छेदवाला पात्र निकालकर कहा, ''इस पात्र में दूध डाल दो।''

छेदवाले पात्र को देखकर सेठ ने चौंककर कहा, ''स्वामीजी यह क्या कह रहे हैं आप? अगर मैं इस पात्र में दूध डालूँगा तो सारा जमीन पर गिर जाएगा। आप दूसरा पात्र निकालें, जिसमें छेद न हो।''

संन्यासी ने कहा, ''तुम ठीक कह रहे हो। यदि मेरे छिद्रवाले पात्र में तुम्हारा दूध नहीं टिकेगा तो तुम्हारे छिद्रवाले मन में मेरा मंत्र कैसे टिक पाएगा? रुपए-पैसे ने तुम्हारे मन में कई छेद कर दिए हैं। पहले उनको भरो। तभी ध्यान लगा पाओगे, तभी सुख मिलेगा।''

भगवान् पर विश्वास

एक गाँव में एक साधु बाबा रहते थे। लोग उनका बहुत आदर करते थे। उस गाँव से लगे हुए दूसरे गाँव रो एक निर्धन ग्वालिन दूध बेचने के लिए यहाँ आती थी। सबसे पहले वह साधु बाबा को दूध देती, फिर गाँव के दूसरे घरों में जाती थी। एक दिन वह देर से आई। साधु बाबा ने कारण पूछा तो वह बोली,

"बाबा, आज नदी पार करने के लिए नाव देर से मिली, इसलिए देर हो गई।"

यह सुनकर साधु बाबा ने हँसते हुए कहा, "लोग तो ईश्वर के नाम पर संसार सागर पार कर जाते हैं और तुझे नदी पार करने के लिए नाव की जरूरत पड़ती है। ऐसा लगता है कि भगवान् पर तुझे भरोसा नहीं है।"

ग्वालिन पर साधु बाबा की बातें गहरा असर छोड़ गईं। दूसरे दिन वह अलसुबह ही साधु बाबा को दूध देने आ पहुँची। उस समय बाबा सो रहे थे। द्वार खोलते ही उन्होंने हैरानी से पूछा, "आज इतनी जल्दी कैसे आ गई?"

ग्वालिन बोली, "बाबा, आपकी कृपा से नाव का बखेड़ा ही समाप्त हो गया, रोज का किराया भी बचा। आपके कहे अनुसार भगवान् का नाम लेकर नदी पार कर आई हूँ।"

साधु बाबा को उसकी बात पर विश्वास नहीं हुआ। जब वह नदी के रास्ते लौटने लगी तो साधु बाबा भी उसके पीछे नदी के भीतर चले गए। जब पानी की गहराई बढ़ी तो साधु बाबा घबराकर पानी में गिर गए और बचाने की पुकार करने लगे। तब ग्वालिन ने उन्हें पानी से बाहर निकालते हुए कहा, "बाबा, यदि आप अपने ही उपदेश पर अमल करते हुए भगवान् के नाम पर भरोसा रखते तो नदी पार कर जाते।"

ग्वालिन की बात सुनकर साधु बाबा लज्जित हो गए।

कड़वे की पहचान

एक सेठ आवेश में आकर अनाप-शनाप बोलने लगते थे और जरा-जरा सी बात पर किसी को भी शब्दों से इतना आहत कर देते थे कि वह व्यक्ति दुखी और निराश हो जाता था। कुछ लोगों ने इसी बात की शिकायत एक संत से की। संत ने सेठ को बुलाकर उसे प्रेम से अपने पास बिठाया और एक गिलास में कुछ पीने को दिया। सेठ ने जैसे ही पहला घूँट मुँह में भरा, वैसे ही उसका चेहरा अत्यंत विवृत्त हो गया। वह नाक-भौं सिकोड़ते हुए बोला, "महाराज, यह तो बहुत कड़वा है।"

संत मुसकराकर बोले, "अच्छा, क्या तुम्हारी जुबान जानती है कि कड़वा क्या होता है?"

सेठ बोला, "कड़वा व खराब चीजें तो जुबान पर आते ही पता चल जाती हैं।" यह सुनकर संत बोले, "नहीं, कड़वी चीजें जुबान पर आते ही पता नहीं चलतीं। अगर ऐसा होता तो लोग अपनी जुबान से कड़वी बातें भी क्यों निकालते।"

संत की बात सुनकर सेठ चुप रहा। उसे संत का इशारा समझ में नहीं आया। तब संत ने पुनः कहा, "तुम भी याद रखो, जो व्यक्ति कटु वचन बोलता है, वह किसी व्यक्ति को दु:ख पहुँचाने से पहले अपनी जुबान को ऐसे ही गंदा करता है, जैसे इस कड़वे पदार्थ ने तुम्हारी जुबान को कर दिया था।"

यह सुनकर सेठ को संत की बात का मर्म समझ में आ गया। उसकी आँखें खुल गईं और वह संत के सामने नतमस्तक होकर बोला, "महाराज, आगे से मैं अपनी जुबान कभी गंदी नहीं करूँगा।"

जीवन जीने का ढंग

एक बहुत बड़े तपस्वी संत थे। वे जंगल में अपनी कुटिया बनाकर रहते थे। एक दिन एक व्यक्ति उनके पास आया और महात्मा से इच्छा व्यक्त की कि उसे अपना शिष्य बना लें। महात्मा ने स्वीकार कर लिया और उसे अपना शिष्य बना लिया। महात्मा ने उसे एक गाय दी और कहा, "वत्स, इसकी सेवा करो और दूध का सेवन करो।" फिर महात्मा ने उसे गायत्री मंत्र सिखाकर कहा, "वत्स, इस मंत्र का जाप किया करो।"

वह व्यक्ति प्रतिदिन गाय को जंगल में ले जाकर चराता, दोनों समय उसका दूध पीता और प्रातः बड़े एकाग्र मन से गायत्री मंत्र का जाप करता।

एक दिन वह महात्माजी के पास गया और बोला, "गुरुदेव, आपकी कृपा से बहुत आनंद है।"

महात्मा ने पूछा, "क्या आनंद है?"

वह व्यक्ति बोला, "गाय चराता हूँ, दूध खूब पीता हूँ और गायत्री जाप करता हूँ।"

यह सुनकर महात्मा बोले, "ठीक है।"

कुछ दिन बाद संयोग से एक दिन गाय गुम हो गई, दूध मिलता नहीं था और गायत्री जाप में मन नहीं लगता था। घबराकर वह व्यक्ति महात्मा के पास आया

और उन्हें अपनी व्यथा सुनाई। यह सुनकर महात्मा मुसकराकर बोले, ''यह भी ठीक है।''

कुछ दिनों बाद वह गाय मिल गई। बस फिर क्या था, वही आनंद और वही मौज-मस्ती वापस आ गई। दूध मिलने लगा, पेट भरने लगा और भजन में आनंद आने लगा। महात्मा के पास आकर उसने फिर सुखमयी स्थिति का वर्णन किया।

महात्मा ने कहा, ''यह भी ठीक है।''

शिष्य ने आश्चर्यचकित होकर पूछा, ''गुरुदेव, यह क्या बात है? जब गाय थी तो आपने कहा ठीक है, जब गाय गुम हो गई, तब भी कहा ठीक है और अब गाय दोबारा मिल गई, तब भी कहा ठीक है।''

महात्मा ने कहा, ''जीवन बिताने का यही सर्वोत्तम ढंग है। जैसी परिस्थिति हो, उसे ठीक समझो और उसके अनुकूल अपने आपको ढाल लो, इसी में जीवन की सार्थकता है और जीवन में सफलता प्राप्ति का यही सर्वोत्तम मंत्र है।''

पाँच साधु

किसी गाँव में देवदास नाम के एक साधु कुटिया बनाकर रहते थे। उनके पास थोड़ी-बहुत जमीन थी, जिसमें वह खेती करते थे। कई बार खेती से उनका गुजारा नहीं हो पाता तो वह मजदूरी भी कर लेते थे। उनके यहाँ साधु-संतों का आना-जाना लगा रहता था। वह उनकी सेवा में कमी नहीं छोड़ते थे।

एक बार घनघोर वर्षा हो रही थी, देवदास के पास खाने को कुछ नहीं था। अचानक बाहर से आवाज आई, ''साधु महाराज! क्या सो गए?''

देवदास ने द्वार पर आकर देखा कि पाँच साधु बाहर खड़े हैं। वह उन्हें कुटिया में लेकर आए और कुशलक्षेम पूछकर बोले, ''मेरे पास भोजन की व्यवस्था नहीं है। खेत में जो कुछ पैदावार हुई, वह खत्म हो गई। बरसात के कारण कहीं मजदूरी भी नहीं मिली, अतः आज की रात मैं सिर्फ आपके सोने की व्यवस्था कर सकता हूँ।''

यह सुनकर अतिथि साधुओं ने आश्चर्य से पूछा, ''महाराज, क्या गाँव से खाने-पीने को नहीं मिलता?''

देवदास ने कहा, ''मिलता तो बहुत है, लेकिन मैं नहीं लेता।''

इस पर एक साधु ने कहा, "आप साधु हैं, आप दान ले सकते हैं।"

देवदास ने कहा, "साधु को अपनी साधना से प्राप्त चीजें ही ग्रहण करनी चाहिए। किसी और की मेहनत से कमाई हुई वस्तुएँ लेना ठीक नहीं, भले ही वे दान के रूप में क्यों न मिलें। जो साधु बिना साधना के, बिना मेहनत के कुछ पाना चाहता है, वह उस जमींदार की तरह है, जो गरीब किसानों और मजदूरों का हक मारता है।"

यह सुनकर सभी साधु लज्जित हो गए।

भगवान् की सेवा

एक बार संत जुनैद कहीं जा रहे थे। रास्ते में उनकी मुलाकात अपने एक परिचित से हुई। उसने संत जुनैद से कहा कि वह हजामत क्यों नहीं बनाते। वैसे तो संत लोग हजामत नहीं बनाते, लेकिन संत जुनैद अपने परिचित की बात मानकर हजामत बनाने के लिए नाई के पास गए। उस समय वह एक धनी ग्राहक की हजामत बना रहा था। संत जुनैद ने सोचा कि यह नाई शायद केवल अमीर लोगों की हजामत बनाता होगा, इसलिए उन्होंने बड़ी नम्रता से पूछा, "क्या आप मेरी हजामत बनाएँगे?"

नाई बोला, "क्यों नहीं महाराज, आइए बैठिए।" यह कहकर नाई ने उस धनी की हजामत बीच में ही छोड़कर उनकी हजामत बनानी शुरू कर दी। हजामत बनाने के बाद जब संत उसे पैसे देने लगे तो नाई ने कहा, "यह रख लीजिए और मेरी ओर से भेंट समझिए।"

संत ने पैसे तो वापस रख लिये, लेकिन मन-ही-मन निश्चय किया कि उन्हें सबसे पहले जो कुछ भी दान में मिलेगा, वह वे इस नाई को दान में दे देंगे। एक दिन उनका भक्त अशर्फियों से भरी थैली लेकर उनके पास आया। संत समझ गए कि भक्त उनके लिए ही लाया है। इसके बाद उन्होंने अपने भक्त से थैली ले ली और उसे लेकर वह नाई के पास गए और बोले, "लो मेरी ओर से यह भेट ले लो।"

यह सुनकर नाई नाराज होकर उन पर बरस पड़ा। बोला, "महाराज, आप भी बड़े विचित्र हैं। मैंने भगवान् की सेवा समझकर जो काम किया था, उसे आप

ग्रहण नहीं करना चाहते और मुझे ही भेंट देकर खुद गलत काम कर रहे हैं और मेरे नेक काम को झुठलाना चाहते हैं।''

नाई की बात सुनकर संत जुनैद आश्चर्यचकित तो हुए ही, शर्मिंदा भी हुए और चुपचाप वहाँ से चले गए।

संत का आशीर्वाद

एक बार एक संत किसी राज्य में पहुँचे। जब वहाँ के राजा को यह पता चला कि उसके राज्य में एक संत आए हुए हैं तो वह उनका आशीर्वाद लेने आए। संत ने उन्हें आशीर्वाद देते हुए कहा, ''सिपाही बन जाओ।''

संत की बात राजा को अच्छी नहीं लगी और वह अनमने भाव से लौट आए। दूसरे दिन राज्य के प्रधान पंडित संत के पास पहुँचे और उन्हें आशीर्वाद देने को कहा, संत ने कहा, ''अज्ञानी बन जाओ।''

पंडित भी नाराज होकर वापस लौट गया। इसी प्रकार जब नगर सेठ संत के पास आशीर्वाद लेने आया तो संत ने कहा, ''सेवक बन जाओ।''

इस प्रकार संत के आशीर्वाद की चर्चा सारे राज्य में फैल गई। लोग कहने लगे कि यह संत नहीं कोई धूर्त है, तभी अनाप-शनाप आशीर्वाद देता है। राजा ने संत को पकड़कर लाने का आदेश दिया। सैनिक संत को पकड़कर राजा के पास ले आए। राजा ने कहा, ''तुमने आशीर्वाद के बहाने सभी लोगों का अपमान किया है, इसलिए तुम्हें दंड दिया जाएगा।''

यह सुनकर संत हँस पड़े। राजा ने इसका कारण पूछा तो संत ने कहा, ''इस राजदरबार में क्या सभी मूर्ख हैं? ऐसे मूर्खों से राज्य को कौन बचाएगा।''

यह सुनकर राजा क्रोधित होकर बोला, ''क्या बकते हो?''

संत ने कहा, ''मैं बक नहीं रहा, ठीक कह रहा हूँ। राजन्! जिस कारण से आप मुझे दंड दे रहे हैं, उसे किसी ने समझा ही नहीं। राजा का कर्म है, राज्य की सुरक्षा करना। जनता के सुख-दुःख की हर वक्त चौकसी करना। सिपाही का काम भी रक्षा करना है, इसलिए मैंने आपको कहा था कि सिपाही बन जाओ।

प्रधान पंडित ज्ञानी और धनी होता है। जिस व्यक्ति के पास ज्ञान और दौलत दोनों हों, वह अहंकारी हो जाता है। लेकिन यदि वह ज्ञानी होने के एहसास से बचा

रहे तो अहंकार से भी बचा रह सकता है, इसलिए मैंने पंडित को अज्ञानी बनने को कहा था। नगर सेठ धनवान होता है। उसका कर्म है गरीबों की सेवा, इसलिए मैंने उसे सेवक बनने का आशीर्वाद दिया था। अब आप ही बताइए, मैं हँसूँ या रोऊँ।''

यह सुनकर राजा का सिर लज्जा से झुक गया। उसने संत से क्षमा-याचना की।

हिम्मत न हारिए

एक दिन एक संत और उनके शिष्य के बीच विभिन्न विषयों पर बातचीत हो रही थी। तभी शिष्य की नजर कुटिया के एक कोने में पड़ी। वहाँ उसने देखा कि एक चींटी किसी मृत कीड़े को खींचने का प्रयास कर रही थी। मृत कीड़ा आकार व वजन में उस चींटी से कई गुना बड़ा था, लेकिन चींटी थी कि अपने प्रयास को छोड़ नहीं रही थी। शिष्य ने इसे लक्ष्य करते हुए संत से कहा, ''गुरुदेव, यह चींटी मुझे पागल लगती है, अपने से कई गुना बड़े कीड़े को खींचने में लगी है। मुझे नहीं लगता कि यह सफल हो पाएगी।''

संत ने समझाते हुए शिष्य से कहा, ''वत्स, यह चींटी कतई पागल नहीं है। यह बड़ी साहसी व हिम्मत न हारनेवाली है और यही इसकी सबसे बड़ी शक्ति है। अपनी दृढ़इच्छा व हिम्मत के बल पर यह अवश्य ही अपने प्रयोजन में सफल होगी।''

सचमुच कुछ समय बाद वह साहसी चींटी अपने प्रयास में सफल हो गई।

अनोखी भिक्षा

एक बार समर्थ गुरु रामदास भिक्षाटन को निकले। वे एक द्वार पर पहुँचे और आवाज लगाई, ''बेटी, भिक्षा में एक रोटी चाहिए।''

गृहिणी उस समय खाना बनाने के बाद रसोई की सफाई में लगी थी। वह द्वार पर साधु की बात सुनकर चिढ़ गई और चूल्हे पर पोंछा फेरनेवाला मिट्टी

में सना कपड़ा गुरु रामदास पर दे मारा। गुरु रामदास ने मुसकराते हुए वह कपड़ा उठा लिया और मठ की ओर चले गए।

वहाँ जाकर उन्होंने कपड़े को भली प्रकार धोया और उसे सुखाकर उसकी बत्तियाँ बना लीं। उन्होंने उन बत्तियों का प्रयोग भगवान् के दीपक में किया। साथ ही उन्होंने अँधेरी गली में रखे जानेवाले दीपक में भी वही बत्तियाँ प्रयोग कीं।

गृहिणी को जब अपनी भूल का एहसास हुआ तो वह गुरु रामदास के पास पहुँची और क्षमा माँगने लगी। गुरु रामदास ने कहा, "बेटी, तुम्हारी दी भिक्षा तो बड़े काम की निकली। उस कपड़े से बनी बत्तियाँ जहाँ नित्य भगवान् के सामने दीपक में प्रयुक्त होती हैं, वहीं गली में प्रकाश बिखेरकर आने-जानेवालों को अँधेरे में रास्ता दिखाती हैं।"

गृहिणी गुरु रामदास की उदारता और महानता के समक्ष नतमस्तक हुए बिना न रह सकी।

शराबी से सीख

एक संत अपने अनुयायियों को सदा यही उपदेश देते कि हर अच्छी या बुरी जगह से गुण ग्रहण किया करो। इनसान बुरे-से-बुरे व्यक्ति में भी गुण खोज सकता है।

एक दिन संत के एक अनुयायी ने उनसे कहा, "महाराज, आज मैंने एक ऐसा व्यक्ति देखा, जिससे कुछ भी नहीं सीखा जा सकता था। वह नशे में धुत्त नाली में लुढ़का पड़ा था।

कुत्ते और सुअर उसके इर्द-गिर्द मँडरा रहे थे। अब भला ऐसे शराबी से क्या सीखा जा सकता है?"

संत ने अपने अनुयायी को स्नेह भरी निगाहों से देखा, फिर पूछा, "उस शराबी को देखकर तुम्हें कैसा लगा?"

वह झटपट बोला, "और क्या लगता? यही कि ऐसी जिंदगी से मर जाना ही बेहतर है।"

तब संत ने उसे समझाया, "उस शराबी ने तो तुम्हें बहुत बड़ी सीख दी। यह कि ऐसे निकृष्ट जीवन जीने से कहीं बेहतर है मरना। इसलिए हम ऐसी गलतियाँ

कतई न करें कि लोग घृणा करने लगें।"

संत का कथन सुनकर वह अनुयायी नतमस्तक हो गया।

दुर्गुणों का त्याग करो

बात उन दिनों की है, जब संत कृष्णबोधजी धर्मप्रचार के लिए कलकत्ता गए हुए थे। एक दिन एक श्रद्धालु उनके पास पहुँचा और बोला, "महाराज, मेरे कोई संतान नहीं है। एक तांत्रिक ने मुझसे माँ काली पर बकरे की बलि चढ़ाने को कहा है। मैं क्या करूँ?"

संत बोले, "भैया, निरीह बकरे की बलि से माँ काली कैसे प्रसन्न होगी? इससे तो तुम्हें जीव हत्या का पाप लगेगा, जिससे तुम्हारा लोक-परलोक बिगड़ेगा।"

कुछ देर चुप रहने के बाद उन्होंने पुनः कहा, "धर्म शास्त्रों के अनुसार, तीर्थ पर जाओ और किसी दुर्गुण का त्याग करने का संकल्प लो। दुर्गुण की बलि से बढ़कर कोई बलि नहीं है। भाई, जरा सोचो, जो ममतामयी काली जीवों पर अपनी ममता उड़ेलती है, वह भला उनकी बलि क्यों लेगी?"

यह सुनकर उस व्यक्ति ने संत की बात को आत्मसात् कर लिया।

डाकू की उदासी

रत्नाकर नाम का एक युवक राहगीरों को लूटता और अपने व अपने परिवार का पेट पालता था। एक बार उसने कुछ संत महापुरुषों को पकड़ लिया। उनके पास कुछ भी ऐसा नहीं था, जो रत्नाकर के काम आता। रत्नाकर निराश हो गया। वह क्रोध में काँपने लगा।

साधुओं ने कहा, "जो हमारे पास है, उसे तुम छीन नहीं सकते और अगर तुम्हें हम देना चाहें तो तुम उसे स्वीकार नहीं करोगे।"

रत्नाकर पहले तो उन्हें छोड़ना चाहता था, लेकिन उनकी ऐसी बातें सुनकर उसने उन्हें बाँध लिया। उसने सोचा कोई बहुमूल्य चीज इनके पास है, जिसे वे उससे छिपा रहे हैं। यह सोचकर उसने अपनी तलवार निकाली और चीखते हुए

बोला, "जो कुछ भी तुमने छिपा रखा है बाहर निकालो।"

संत मुसकराते हुए बोले, "हम तुम्हें देंगे। पहले तुम अपने घर-परिवार के लोगों से यह पूछकर जाओ कि तुम्हारे कर्मों में कौन तुम्हारे साथ है।"

यह सुनकर रत्नाकर बड़े उत्साह से घर गया। लेकिन जब वह वापस आया, तो बहुत उदास था। संतों ने उससे पूछा, "क्या हुआ तुम इतने उदास क्यों हो?"

रत्नाकर बोला, "मैं तो बिलकुल अकेला हूँ। मेरे परिवार का कोई भी सदस्य मेरे साथ नहीं है। वे मेरे इस काम से नाखुश हैं।" यह कहकर वह साधुओं के चरणों में गिर गया। उस दिन से उसने चोरी-डकैती का धंधा छोड़ दिया।

लकड़ी की सीख

संत शेख शिबली अपने शिष्यों के साथ बैठे थे। सर्दी का मौसम था। आग जल रही थी। अचानक उनका ध्यान चूल्हे में जलती हुई लकड़ियों के ऊपर पड़े एक लकड़ी के टुकड़े पर गया, जो धीरे-धीरे सुलग रहा था। लकड़ी गीली थी, इसलिए आग की तपिश से पानी की कुछ बूँदें इकट्ठी होकर उसके एक कोने से टपक रही थीं।

कुछ देर सोचने के बाद संत ने अपने शिष्यों से कहा, "तुम सब दावा करते हो कि तुम्हारे अंदर परमात्मा के लिए गहरा प्रेम और भक्ति है, लेकिन क्या कभी सचमुच की आग में जले हो? मुझे तुम्हारी आँखों में न कोई तड़प और न ही वेदना के आँसू दिखाई देते हैं। इस लकड़ी के टुकड़े को देखो, यह किस तरह जल रहा है। इसके कोने से गिरती हुई जल की बूँदों को देखकर लगता है कि आँसू गिर रहे हैं। लकड़ी के इस छोटे, मामूली टुकड़े से कुछ सीखो।

मनःस्थिति

एक महात्मा से किसी व्यक्ति ने कहा, "महाराज, घर-गृहस्थी व कारोबार में चैन ही नहीं मिलता। भगवान् का ध्यान कब और कैसे करूँ?"

महात्मा बोले, "एक मंदिर में तीन सत्पुरुष ईश्वर को धन्यवाद दे रहे थे।

एक ने कहा, ''हे प्रभु, आप बड़े कृपालु हो। मेरी पत्नी इतनी धार्मिक है कि मेरी पूजा में कभी बाधक नहीं बनती।'' दूसरा बोला, ''हे भगवान्, आपने बड़ा उपकार किया। मेरी पत्नी इतनी कर्कशा है कि उसके प्रति मेरी कोई आसक्ति नहीं है। अत: मैं दिन-रात आपके ध्यान में डूबा रहता हूँ।'' तीसरे ने कहा, ''हे परमात्मा, आप बड़े दयालु हो। मेरे तो बीवी-बच्चे ही नहीं हैं, जो आपके और मेरे बीच में दीवार बनते। अत: मेरा मन आपके चरणों में लगा रहता है।''

यह कहकर महात्मा ने उस व्यक्ति को समझाते हुए कहा, ''देखो, तीनों सत्पुरुष अलग-अलग स्थिति में होते हुए भी प्रसन्नचित्त, ईश्वर के प्रति कृतज्ञ और भक्ति में लीन थे। अत: परिस्थिति चाहे जैसी हो, अपनी मन:स्थिति को ठीक रखना चाहिए।''

महात्मा के वचन सुनकर उस व्यक्ति की समस्या का समाधान हो गया।

असली तीर्थयात्रा

एक बार किसी नगर से धनवान लोग अपने-अपने वाहनों से कहीं दूर तीर्थयात्रा पर जा रहे थे। उसी बस्ती में एक निर्धन व्यक्ति भी रहता था, जो अपंग होने के कारण चलने-फिरने से लाचार था। उसके मन में भी तीर्थयात्रा पर जाने की इच्छा थी, लेकिन वह किसी से कह नहीं पाया।

जब लोग चले गए तो वह बड़ा निराश हुआ। तभी उसे एक संत दिखाई दिए। उन्होंने उससे उदासी का कारण पूछा। वह बोला, ''महाराज, मेरे पास भी यदि तन और धन की सामर्थ्य होती तो मैं आज तीर्थयात्रा पर चला गया होता।''

संत बोले, ''कोई बात नहीं, 'अड़सठ तीर्थ हिरदे भीतर कोई विरला नहायो'। यदि तुम यात्रा पर नहीं जा सके तो क्या हुआ? सारे तीर्थ तो मन के अंदर हैं। अपने अंदर की यात्रा करोगे तो ज्यादा पुण्य कमाओगे और पवित्र हो जाओगे।''

संत के ऐसे वचन सुनकर वह व्यक्ति नतमस्तक हो गया और असली तीर्थयात्रा का रहस्य समझ गया।

असीम आस्था

स्वामी शरणानंद ईश्वर में अपने अनंत विश्वास के लिए प्रसिद्ध थे। वह नेत्रहीन थे। नियमित ईश्वर का भजन-पूजन करते थे। साथ ही मंदिर जाने का भी उनका अटूट नियम था। एक दिन एक श्रद्धालु ने उनसे प्रश्न किया, ''महाराज, आपकी ईश्वर में असीम आस्था प्रशंसनीय है। आप भजन-पूजन करते हैं, यह भी संतोषप्रद है, किंतु आप नेत्रहीन होकर भी मंदिर में जाते हैं, यह अटपटा लगता है। आप तो मूर्ति को नहीं देख सकते, फिर इससे क्या प्रयोजन सिद्ध होता है?''

स्वामी शरणानंद ने बड़े विनम्र स्वर में उत्तर दिया, ''मैं देख नहीं सकता, तो क्या हुआ? ईश्वर तो सब देखते हैं। भगवान् की आँखों से कोई बच नहीं सकता। मुझे तो वह यहाँ आता देख ही रहे हैं, यही मेरे लिए प्रसन्नता की बात है। इसी हार्दिक प्रसन्नता हेतु मैं यहाँ आता हूँ।''

श्रद्धालु उनकी ईश्वर के प्रति असीम आस्था देख हतप्रभ रह गया।

सुख का स्रोत

एक बार चार लोग एक संत की कुटिया पर पहुँचे। चारों ने अपने दुखों का पिटारा खोला और कहा, ''महाराज, हमें इच्छित पदार्थों की प्राप्ति का वरदान दें।''

संत ने कहा, ''वास्तविक सुख पदार्थ में नहीं है। पदार्थ प्राप्ति ही सबकुछ नहीं है।''

संत के ऐसा कहने के बावजूद चारों ने जिद की, ''महाराज, आप हमें यश, पुत्र, धन और स्त्री की मनोकामना पूर्ण होने का वरदान दें।''

दयालु संत ने चारों को इच्छित कामनाओं की पूर्ति का वरदान दिया। समय पर वरदान फला और चारों को मनोनुकूल चीजें हासिल हुईं, लेकिन वे पहले से कहीं ज्यादा अशांत और परेशान रहने लगे। वे पुनः संत के पास पहुँचे। संत के पूछने पर उन्होंने बताया, ''महाराज, यश की प्रतिस्पर्द्धा ने जीवन को बेबस बना दिया। पुत्र की स्वच्छंदता ने प्रतिष्ठा धूल में मिला दी। धन की लालसा ने अपनापन

उजाड़ दिया। स्त्री के प्रति आसक्ति ने पौरुष को पानी बना दिया।'' उन्होंने संत से याचना की, ''महाराज, हमें शांति का वरदान दें।''

संत ने कहा, ''सुख बाहर से नहीं आता। सुख का स्रोत तुम्हारे भीतर है। पदार्थों को तुम भोगो, पदार्थ तुम्हें नहीं भोगें। भोग में सुख होता तो बड़े-बड़े ऋषि-मुनि अपना सबकुछ ठुकराकर संन्यास क्यों लेते?''

वाणी पर संयम रखो

एक बार एक शिष्य ने अपने गुरु से कहा, ''गुरुदेव, मैं आपके बताए हुए मार्ग पर चलता हूँ। सदाचारपूर्ण जीवन जीता हूँ तथा ईश्वर का ध्यान करता हूँ, किंतु कभी-कभार गुस्से या मजाक में किसी से कुछ कह देता हूँ तो लोग बुरा मान जाते हैं।''

संत ने कहा, ''वत्स, एक अकेले अवगुण की बदली 99 सद्‌गुणों के सूरज को ढक लेती है। नींबू की एक बूँद सारा दूध फाड़ देती है। इसी तरह मनुष्य की वाणी भी सब गड़बड़ करा देती है। द्रौपदी ने व्यंग्य में दुर्योधन को अंधे की औलाद कह दिया था। परिणामतः चीरहरण, वनगमन और महाभारत के कष्ट झेलने पड़े थे। अत:वाणी पर संयम और उसमें मधुरता अवश्य होनी चाहिए। अन्यथा शत्रु तो बढ़ेंगे ही।''

शिष्य समझ गया और अभिभूत होकर गुरु के समक्ष नतमस्तक हो गया।

परछाइयाँ

एक बार एक संन्यासी ध्यान मुद्रा में जंगल में बैठे थे। तभी कुछ अपराधी किस्म के युवक एक सुंदर स्त्री का पीछा करते हुए वहाँ से तेज कदमों से गुजरे। एक वृक्ष के नीचे उन्होंने संन्यासी को देखा। उन युवकों ने संन्यासी से पूछा, ''क्या आपने किसी सुंदर युवती को इधर से गुजरते देखा है?''

संन्यासी बोला, ''एक परछाईं गुजरी थी। मुझे पता नहीं वह सुंदर थी या असुंदर।''

युवक बोले, ''सामने से गुजरी और आपको पता ही नहीं चला कि सुंदर थी या असुंदर? यह कैसे हो सकता है? तुम्हारी यह स्थिति कब से बन गई?''

संन्यासी बोला, ''जब से मैं अपने प्रति जागा, तब से यह स्थिति बन गई। अब मेरे लिए न कोई सुंदर है न असुंदर। अब परछाइयाँ-ही-परछाइयाँ हैं।''

युवकों पर संन्यासी की बातों का गहरा असर पड़ा और वे वहाँ से वापस लौट गए।

जीवन और मृत्यु

एक बार मगध में एक संन्यासी आया। वह हमेशा अपनी धुन में मस्त रहता था। उसके तप और तेज का प्रभाव चारों दिशाओं में फैलने लगा। उसके व्यक्तित्व पर राजकुमारी मोहित हो गई। उसने संन्यासी से विवाह करने का निश्चय कर लिया।

जब राजा को इस बात का पता चला तो उसने संन्यासी को राजकुमारी के साथ विवाह करने को कहा। संन्यासी बोला, ''मैं तो हूँ ही नहीं। विवाह कौन करेगा?''

इस उत्तर से राजा ने अपने-आपको अपमानित महसूस किया। उसने आदेश दिया कि तलवार से संन्यासी का वध कर दिया जाए। संन्यासी ने मुसकराते हुए कहा, ''शरीर के साथ मेरा आरंभ से ही कोई संबंध नहीं रहा। जो अलग ही है, आपकी तलवार उन्हें और क्या अलग करेगी? मैं तैयार हूँ। आप जिसे मेरा सिर कहते हैं, उसे काटने के लिए उसी प्रकार तलवार को आमंत्रित करता हूँ, जैसे वसंत की वायु को पेड़ों के फूल आमंत्रित करते हैं।''

वह मौसम सचमुच वसंत का था। राजा ने एक बार उन फूलों को देखा, फिर संन्यासी की आनंदित आँखों को। उसने सोचा, ''जो मृत्यु को भी जीवन की भाँति स्वीकार करता है, उसे मारना व्यर्थ है।'' उसने अपना आदेश तुरंत वापस ले लिया।

बाहर नहीं, अंदर ढूँढ़ो

महिला संत राबिया परम विदुषी थीं। एक दिन गाँववालों ने देखा कि वह अपनी कुटिया के बाहर गली में कुछ ढूँढ़ रही थीं। यह देख वहाँ बहुत से लोग इकट्ठे हो गए और उसकी मदद करने लगे। लोगों ने पूछा, "क्या ढूँढ़ रही हो?"

राबिया बोलीं, "मेरी सुई खो गई थी, वही ढूँढ़ रही हूँ।"

यह सुनकर सभी गाँववाले भी उसकी सुई खोजने में जुट गए। तभी किसी को खयाल आया कि राबिया से पूछ तो लें कि उसकी सुई खोई कहाँ थी? एक आदमी ने पूछा, "मौसी गली तो बहुत बड़ी है। अँधेरा होने ही वाला है। उसमें इतनी छोटी-सी सुई खोजना आसान नहीं है। तुम बता सकती हो कि सुई कहाँ गिरी है?"

राबिया बोलीं, "सुई तो मेरी कुटिया के अंदर गिरी थी।"

यह सुनकर गाँववाले बोले, "मौसी, तुम भी कमाल करती हो। सुई अगर कुटिया के भीतर गिरी है तो तुम उसे बाहर क्यों ढूँढ़ रही हो?"

राबिया बोलीं, "क्योंकि यहाँ रोशनी है। घर के भीतर अँधेरा है।"

यह सुनकर एक गाँववाले ने कहा, "भले ही यहाँ रोशनी हो, लेकिन जब सुई यहाँ खोई ही नहीं तो हमें मिल कैसे सकती है? सुई खोजने का एकमात्र तरीका है कि वह जहाँ गिरी है, वहीं रोशनी करो और वहीं ढूँढ़ो।"

यह सुनकर राबिया खिलखिलाकर हँसती हुई बोलीं, "छोटी-छोटी चीजों में तुम बड़े होशियार लोग हो। अपने जीवन में यह होशियारी कब काम में लाओगे? मैंने तुम सबको बाहर खोजते देखा है और मैं अच्छी तरह जानती हूँ कि जो तुम खोज रहे हो वह भीतर खोया है। तुम बाहर क्यों आनंद खोज रहे हो? क्या तुमने उसे बाहर खोया है?"

यह सुनकर गाँववाले ठगे से खड़े देखते रह गए और राबिया अपनी कुटिया में चली गईं।

शाश्वत सत्य

संत एकनाथ सिद्धजन और सच्चे ईश्वरभक्त थे। एक दिन जब वे अपने शिष्यों के साथ बैठे हुए थे तो उनमें से एक शिष्य ने पूछा, ''गुरुदेव, आप सदा प्रसन्न कैसे रहते हैं?''

संत एकनाथ बोले, ''मेरे बारे में मत पूछो, मैं आज तुम्हारे बारे में कुछ बताऊँगा।''

शिष्य आश्चर्य से बोला, ''मेरे बारे में?''

संत बोले, ''हाँ, तुम्हारे बारे में ही। असल में, आज से सातवें दिन तुम मृत्यु को प्राप्त हो जाओगे।''

संत की भविष्यवाणी सुनकर शिष्य सन्न रह गया। उसके मन पर इसका बहुत गहरा प्रभाव पड़ा। उस दिन से उसके स्वभाव में एक चमत्कारी बदलाव हुआ। उसकी पत्नी और बच्चे उसके बदले हुए स्वभाव को देखकर आश्चर्यचकित थे। ऐसा पड़ोसियों ने भी अनुभव किया। छोटी-छोटी बातों से वह ऊपर उठ गया था।

सातवें दिन शाम को भक्त ने पत्नी से कहा, ''आज मैं मृत्यु को प्राप्त हो जाऊँगा। मेरे लिए एक जोड़ा साफ कपड़े ले आओ, जिसे मैं स्नान के बाद पहन लूँगा।''

स्नान आदि के बाद वह आँगन में लेट गया। उसी समय अचानक संत एकनाथजी वहाँ आ गए और उससे पूछा, ''कहो वत्स, सात दिन कैसे बिताए?''

भक्त बोला, ''महाराज, इतने दिनों में मैंने किसी पर क्रोध या किसी से घृणा नहीं की। कड़वा शब्द नहीं बोला, बल्कि सबके साथ प्रेमपूर्वक रहा।''

भक्त की बात सुनकर संत एकनाथजी बोले, ''वत्स, जो लोग मृत्यु जैसे शाश्वत सत्य को नहीं भूलते, वे घृणा, क्रोध, ईर्ष्या, द्वेष आदि के बारे में सोचते भी नहीं और सदा प्रसन्न रहते हैं।''

दोषों से रहित ईश्वर

संत राबिया अपने गुणों और परोपकार की भावना के लिए प्रसिद्ध थीं। एक दिन एक भक्त किसी काम से उनके पास आया। उसने देखा कि राबिया की कुटिया में एक ओर जल से भरा एक कलश रखा था और उसके पास आग जल

रही थी। भक्त को यह देखकर थोड़ी हैरानी हुई। उसने पूछा, ''माँ, जल से भरा कलश और अग्नि एक साथ रखने का क्या मतलब है?''

राबिया मुसकराकर बोलीं, ''वत्स, मैं अपनी इच्छा को पानी में डुबाने के लिए तत्पर रहती हूँ और अहंकार को जला डालना चाहती हूँ। पानी और अंगारे को करीब देखते ही मैं अपने दुर्गुणों से सावधान हो जाती हूँ।''

यह सुनकर भक्त बोला, ''लेकिन आपने तो स्वयं को साधना से इतना जीत लिया है कि इच्छाएँ और अहंकार तो आपको छू नहीं सकते।''

राबिया ने कहा, ''वत्स, सभी दोषों से रहित तो केवल ईश्वर होता है। जिस दिन मैं स्वयं को सर्वगुण संपन्न मान लूँगी, उस दिन मेरा पतन हो जाएगा।''

आनंद की वर्षा

एक बार एक धनी व्यक्ति एक संत की कुटिया पर आया और वह हमेशा आनंदित रहने का उपाय पूछने लगा। उस समय संत एक वृक्ष के नीचे बैठे चिड़ियों को दाना चुगा रहे थे। संत ने उस व्यक्ति से कहा, ''संसार में प्रसन्न रहने का एक ही तरीका है—दूसरों के सुख में तल्लीन हो जाओ और दु:ख को मिटाने में जी-जान से जुट जाओ।''

धनी व्यक्ति यह सुनकर प्रसन्न हो गया। उसे प्रसन्नता का रहस्य मिल गया था। उसने संत को प्रणाम किया और अपना धन जरूरतमंदों की सेवा में समर्पित कर दिया।

एक दिन संत ने देखा कि वह धनी व्यक्ति चिड़ियों को दाना चुगा रहा है। संत ने प्रेम से उसके कंधे पर हाथ रखा और उसके साथ वे भी चिड़ियों को दाना चुगाने लगे।

सचमुच सच्चे आनंद की वर्षा में वे आनंदित होकर सच्चा सुख भोग रहे थे। उनके हृदय में हिलोरें ले रही थीं आनंद की लहरें।

सात प्रकार के फूल

एक बार एक संत किसी नगर में प्रवचन के लिए आए। नगरवासी जोर-शोर से व्यवस्था करने में जुट गए। संतजी के पूजा-हवन आदि के लिए श्रेष्ठ सामग्री इकट्ठी की जाने लगी। तभी किसी ने बताया कि देवपूजन के लिए संत महाराज सात तरह के फूलों का उपयोग करते हैं, लेकिन यह मालूम नहीं है कि वे सात फूल कौन से हैं।

तुरंत एक स्वयंसेवक संत की सेवा में गया और संत से पूछा, ''महाराज, आप भगवान् की पूजा में कौन से फूल उपयोग में लेंगे। कृपाकर बताएँ, ताकि समय पर हम व्यवस्था कर सकें।''

संत ने कहा, ''तुम लोग इतनी दूर से आए हो तो आज के प्रवचन सुनकर ही जाना। उनमें तुम्हारी जिज्ञासा का भी समाधान हो जाएगा।''

प्रवचन के दौरान महात्मा ने बताया, ''भगवान् की पूजा के लिए मेरी तरह आप भी इन सात प्रकार के फूलों का उपयोग करें। अहिंसा, इंद्रिय, संयम, प्राणियों पर दया, क्षमा, मन को वश में करना, ध्यान और सत्य। इन्हीं फूलों से भगवान् प्रसन्न होते हैं। और इन्हीं से जीवन महकता है।''

सच्चा समाजसेवी

एक बार देववर्धन नाम का एक भिक्षु गौतम बुद्ध के सामने उपस्थित हुआ और उनसे प्रार्थना की, ''भगवन्, मेरी इच्छा है कि मैं कलिंग जाकर संघ प्रचार करूँ।''

कलिंग का नाम सुनकर बुद्ध ने आँखें उठाईं, देववर्धन को पास बिठाया और बोले, ''वत्स, वहाँ के लोग बड़े अधर्मी और ईर्ष्यालु हैं। वे मिथ्या दोष लगाकर तुम्हें सताएँगे, गालियाँ देंगे, इसलिए वहाँ जाने का इरादा बदल डालो।''

भिक्षु ने विनयपूर्वक कहा, ''गालियाँ देंगे तो क्या हुआ, मारेंगे तो नहीं।''

बुद्ध बोले, ''इसमें भी संदेह नहीं। वे तुम्हें मार भी सकते हैं।''

भिक्षुक देववर्धन फिर भी दृढ़ रहा। उसने कहा, ''थोड़े दंड से इस शरीर का बिगड़ता क्या है? मारेंगे तो भी बुरा नहीं, वे मेरे प्राण तो नहीं लेंगे।''

बुद्ध ने कहा, "लेकिन वे तुम्हें जान से मार देंगे, मैंने उनकी निर्दयता देखी है।"

देववर्धन बोला, "तो क्या हुआ भगवन्, आपने ही तो कहा था कि यह शरीर धर्म-कार्य में लग जाए तो पुण्य ही होता है। इस तरह तो वे लोग मेरे साथ उपकार करेंगे।"

बुद्ध शिष्य के उत्तर से संतुष्ट हुए। उन्होंने उसे आशीर्वाद दिया और विदा करते हुए बोले, "वत्स, एक सच्चे समाजसेवी की योग्यता है सहिष्णुता, क्षमा और निष्ठा। ये सारे गुण तुममें हैं। तुम निश्चय ही वहाँ धर्म प्रचार कर सकोगे।"

स्वर्ग का रास्ता

एक बार एक संत एक गली से गुजर रहे थे कि अचानक उनके कानों में ये शब्द पड़े, "जा, पता लगाकर आ कि सेठ धर्मपाल स्वर्ग गया है या नरक?" एक बुढ़िया अपने पंद्रह वर्षीय पोते से यह बात कह रही थी। यह सुनकर संत सोचने लगे, "यह रहस्य तो मैं भी नहीं जानता। यह बुढ़िया कैसे जानती है। फिर इसका पोता यह पता कैसे लगाएगा? कहीं यह बुढ़िया कोई सिद्ध फकीर तो नहीं।" यह विचार कर संत वहीं एक जगह बैठ गए।

थोड़ी ही देर में लड़के ने आकर बुढ़िया को बताया कि संत नरक गया है। यह सुनकर संत बुढ़िया के पास गए और बुढ़िया के चरण पकड़ लिये। बुढ़िया ने पैर छुड़ाते हुए कहा, "यह आप क्या कर रहे हैं महाराज? आप तो सिद्ध महात्मा लगते हैं फिर आप मेरे पैर क्यों पकड़ रहे हैं?"

संत ने कहा, "मैं सब समझता हूँ। आप कोई साधारण मनुष्य नहीं। आपके पास तो बहुत बड़ी सिद्धि है।"

यह सुनकर बुढ़िया हैरान हुई। उसने पूछा, "महाराज, कैसी सिद्धि?"

संत ने कहा, "बड़े-बड़े ऋषि और ज्ञानी भी यह नहीं जानते कि मरकर कौन नरक गया है और कौन स्वर्ग, लेकिन आपकी बात तो दूर, आपका पोता भी यह जानता है।"

बुढ़िया ने हँसते हुए कहा, "अरे इसमें जानने की कौन सी बात है। जिसके मरने पर लोग रोएँ, जिसके गुणों को याद करके दुःख प्रकट करें, उसे निश्चय ही

स्वर्ग मिलेगा और जिसके मरने पर लोग घी के दीये जलाएँ, राहत महसूस करें, वह नरक का भागी बनेगा। जो व्यक्ति लोगों की दृष्टि में अच्छा नहीं है, जो समाज को, संसार को प्रसन्न न कर सका, वह ईश्वर की दृष्टि में कैसे अच्छा हो सकता है? ईश्वर या स्वर्ग की प्राप्ति उसी को हो सकती है, जो अपने शुद्ध, स्वच्छ व पावन चरित्र से जनता-जनार्दन को मुग्ध कर ले।''

बुढ़िया की ऐसी बातें सुनकर संत नतमस्तक हो गए और सोचने लगे—साधारण सी दिखनेवाली यह बुढ़िया कितनी समझदार है। इसकी क्षमता मैं तो क्या, बड़े-बड़े ऋषि-मुनि और दिग्गज विद्वान् भी नहीं कर सकते।

संत की दया

एक बार किसी संत के आश्रम में किसी शिष्य की कोई चीज चोरी हो गई। जाँच-पड़ताल में चोर का पता चल गया। चोर संत का एक नया शिष्य था। अन्य शिष्यों ने सोचा कि गुरुजी उसे आश्रम से निकाल देंगे। लेकिन गुरु ने कुछ नहीं किया।

कुछ दिन बाद वही शिष्य फिर से कुछ चुराते हुए रँगे हाथों पकड़ा गया। संत के सामने पेशी हुई। लेकिन उन्होंने कहा, ''छोड़ दो इसे, सुधर जाएगा।''

संत की इस दया पर अन्य शिष्य नाराज हुए। बोले, ''गुरुदेव, ऐसा चोर हम सबको बदनाम कर डालेगा। इसे आश्रम से निकाल दीजिए।''

संत बड़े सहज भाव से बोले, ''तुम सब समझदार हो। अच्छे-बुरे का फर्क समझते हो। अगर मैं तुम्हें निकाल दूँ तो भी तुम ध्यान-साधना के रास्ते पर चलते रहोगे। लेकिन यह बेचारा इतना नासमझ है कि इसे सही-गलत का फर्क तक नहीं मालूम। इसे तो ज्यादा-से-ज्यादा सिखाने की जरूरत है। इसे कैसे निकाल दूँ।''

यह सुनकर शिष्य चुप हो गए। चोरी करनेवाले शिष्य की आँखों से अश्रुधारा बहने लगी और उसका मन निर्मल हो गया। उस दिन के बाद से वह एक बेहद संयमी साधक के रूप में विकसित हुआ।

संन्यासी और चोर

एक बार रात को एक संन्यासी अपनी कुटिया में ध्यान में बैठे थे। उसी समय एक चोर उनकी कुटिया में घुसा। संन्यासी ने उसे देख लिया। चोर घबरा गया और बोला, ''मुझे अपना पैसा दे दो, नहीं तो जान से मार दूँगा।''

संन्यासी ने कहा, ''मुझे बेकार में परेशान मत करो। पैसा वहाँ अलमारी में है, चुपचाप लो और जाओ।''

चोर ने अलमारी खोली और पैसे उठा लिये। तब संन्यासी ने कहा, ''सारे पैसे मत ले जाना, थोड़ा छोड़ भी जाना।''

चोर ने कुछ पैसा वापस रख दिया और दबे पाँव वहाँ से जाने लगा तो संन्यासी ने उसे रोकते हुए कहा, ''तुम्हें यह भी पता नहीं, जब कोई कुछ दे तो उसका शुक्रिया अदा किया जाता है।''

चोर ने संन्यासी का शुक्रिया अदा किया और वहाँ से भाग गया। अगले दिन संयोगवश चोर पकड़ा गया। जब राजा के सैनिकों ने उससे सारी बातें उगलवाईं तो वे उसे लेकर संन्यासी के पास पहुँचे और कहा कि आप भी मुकदमा दर्ज कराइए।

संन्यासी ने कहा, ''इसने मेरा कुछ चुराया ही नहीं तो मुकदमा कैसा? बल्कि मैंने खुद इससे कहा कि पैसे ले लो। इसने पैसे लेकर मेरा शुक्रिया भी अदा किया।''

दूसरी चोरियों के लिए उस चोर को जेल हुई। जब सजा काटकर वह बाहर आया तो वह सीधा संन्यासी के पास गया और उनका शिष्य बन गया।

स्वर्ग की टिकट

एक गाँव में एक संन्यासी आया। उसने वहाँ अपना आसन जमाया और आँखें बंद कर माला फेरने लगा। लोगों ने दूर से उसकी गतिविधियाँ देखीं। एक-एक कर लोग उसके पास आने लगे। लोगों को आते देखकर उसने कहा, ''मेरे पास स्वर्ग के कूपन हैं। कठिन तपस्या से मैंने इन्हें हासिल किया है। यदि आप स्वर्ग जाना चाहें तो इन्हें खरीद सकते हैं।''

आदमी के मन में स्वर्ग का प्रलोभन और नरक का भय जन्मजात संस्कार की

तरह जमा हुआ है। अगर आसानी से स्वर्ग मिलता हो तो उसे कौन लेना नहीं चाहेगा? देखते-देखते संन्यासी के इर्द-गिर्द स्वर्ग के कूपन लेनेवालों की अच्छी-खासी भीड़ जमा हो गई। संन्यासी बड़ी संजीदगी के साथ रुपए लेकर कूपन देने लगा।

तीन दिन तक यही क्रम चला। चौथे दिन संन्यासी रुपयों की गिनती करने बैठा। ढेर सारे रुपए देखकर वह प्रसन्नता से झूम उठा। वह रुपए गिन ही रहा था कि इतने में एक डाकू उसकी कुटिया में आ धमका और संन्यासी की कनपटी पर बंदूक रखते हुए जोर से दहाड़ा, "ये सारे रुपए मेरे हवाले कर दो, वरना जान भी गँवाओगे और रुपए भी।"

डाकू की धमकी सुनकर संन्यासी घबरा गया। लेकिन फिर उसने साहस बटोरकर कहा, "मुझे मारने से तुम्हें हत्या का पाप लगेगा। पकड़े जाओगे, तो जेल की हवा खाओगे और इन सबसे बच भी गए तो नरक में तुम्हें जाना ही पड़ेगा।"

संन्यासी की बात सुनकर डाकू हँसते हुए बोला, "चिंता मत कीजिए महाशय! मैंने आपसे कूपन पहले से ही खरीद रखा है। आपके कथन के मुताबिक मेरी सीट तो स्वर्ग में आरक्षित है ही।"

यह सुनकर संन्यासी हतप्रभ रह गया।

पश्चात्ताप के आँसू

एक संत की साधना और भक्तिमय जीवन की बड़ी ख्याति थी। एक बार उन्होंने स्वप्न देखा कि उनकी मृत्यु हो चुकी है और वह एक देवदूत के सामने खड़े हैं। देवदूत सब मृत लोगों से उनके कर्मों का ब्योरा माँग रहा था। काफी देर बाद जब उनकी बारी आई तो देवदूत ने उनसे पूछा, "आप बताएँ, आपने जीवन में क्या अच्छे कार्य किए, जिनका आपको पुण्य मिला हो?"

संत सोचने लगे, 'मेरा तो सारा जीवन ही पुण्य कार्यों में व्यतीत हुआ है, मैं कौन सा एक काम बताऊँ। यह सोचकर वह बोले, "मैं पाँच बार तीर्थयात्रा कर चुका हूँ।"

देवदूत बोला, "आपने तीर्थयात्राएँ तो कीं, लेकिन आप अपने इस कार्य की चर्चा हर व्यक्ति से करते रहे। इसके कारण आपके सारे पुण्य नष्ट हो गए।"

यह सुनकर संत को भारी ग्लानि हुई। फिर कुछ हिम्मत कर उन्होंने कहा, ''मैं प्रतिदिन भगवान् का ध्यान और उनके नाम का स्मरण करता था।''

देवदूत ने कहा, ''जब आप ध्यान करते और कोई दूसरा व्यक्ति वहाँ आता तो आप कुछ अधिक समय तक जप-ध्यान में बैठते थे। चलिए, कोई और पुण्य कार्य बताइए।''

संत को लगा कि उनकी अब तक की सारी तपस्या बेकार चली गई। उनकी आँखों से पश्चात्ताप के आँसू बह निकले। इतने में उनकी नींद खुल गई। वह स्वप्न का संदेश समझ गए कि उन्हें अपनी साधना पर गर्व हो गया है। वे अपने त्यागमय जीवन के बदले दूसरों से कुछ अपेक्षाएँ रखने लगे हैं। उस दिन से उन्होंने स्वयं को बदलने का फैसला किया और सहज होकर साधना करने लगे।

मोह माया को त्याग दो

किसी नदी के किनारे एक महात्मा कुटिया बनाकर रहते थे। उनके पास बड़ी दूर-दूर से लोग आते और उनकी अमृतवाणी सुनते। लोगों में किसी तरह यह बात फैल गई कि महात्माजी को ईश्वर के दर्शन होते हैं और उनमें दूसरों को भी ईश्वर के दर्शन करवाने की शक्ति है।

एक बार एक व्यक्ति महात्मा के पास आया और बोला, ''महाराज, मेरे पास सबकुछ है। मुझे बस आप ईश्वर के दर्शन करवा दीजिए।''

महात्मा ने उसे बिठाया और पूछा, ''तुम्हें कौन सी चीजें सबसे अधिक पसंद हैं?''

वह व्यक्ति बोला, ''महाराज, मुझे सबसे ज्यादा अपनी पत्नी, जमीन-जायदाद, धन-दौलत और अपनी संतान पसंद है।''

महात्मा ने पुनः पूछा, ''क्या इस समय तुम्हारे पास कोई ऐसी चीज है, जो तुम्हें सबसे प्रिय है?''

वह व्यक्ति बोला, ''हाँ, महाराज, मेरे पास सोने की एक मुहर है, जो अब भी मेरी जेब में पडी है।''

यह सुनकर महात्मा को एक तरकीब सूझी। वह बोले, ''अच्छा, जरा पढ़कर सुनाओ, इस कागज पर क्या लिखा है?''

उस आदमी ने झट से पढ़ा और बोला, "महाराज, इसमें लिखा है— ईश्वर।"

महात्मा बोले, "जरा अपनी स्वर्ण-मुद्रा निकालो और इस 'ईश्वर' पर रख दो।"

उस व्यक्ति ने ऐसा ही किया। तब महात्मा बोले, "अब ठीक से देखकर बताओ कि आपको क्या दिखाई पड़ रहा है?"

वह व्यक्ति बोला, "महाराज, मुझे तो बस अपनी स्वर्ण-मुद्रा के अलावा और कुछ नहीं दिखाई दे रहा है।"

महात्मा बोले, "बस यही हाल ईश्वर का है। वह है तो सही, लेकिन दिखाई नहीं देता। दिखाई इसलिए नहीं देता कि जब-जब हम देखने लगते हैं, मोह-माया आड़े आ जाती है।"

अंतःकरण की खेती

एक बार महात्मा बुद्ध एक धनी के घर भिक्षा माँगने गए। धनी व्यक्ति ने कहा, "भीख माँगते हो, काम-काज क्यों नहीं करते, खेतीबाड़ी ही करो।"

बुद्ध ने मुसकराकर कहा, "खेती ही करता हूँ, दिन-रात करता हूँ और अनाज उगाता हूँ।"

धनी व्यक्ति ने पूछा, "यदि तुम खेती करते हो तो तुम्हारे पास हल, बैल कहाँ हैं?"

महात्मा बुद्ध ने कहा, "मैं अंतःकरण में खेती करता हूँ। विवेक मेरा हल और संयम तथा वैराग्य मेरे बैल हैं। मैं प्रेम, ज्ञान और अहिंसा के बीज बोता हूँ और पश्चात्ताप के जल से उन्हें सींचता हूँ। सारी उपज मैं विश्व में बाँट देता हूँ। यही मेरी खेती है।"

ईश्वर का राज्य

एक धनी युवक जब संसार के विलास से ऊब गया तो एक दिन वह ईसामसीह के पास गया और उनसे विनती की, "हे देव, मुझे ईश्वर जीवन प्राप्त करने

का उपाय बताइए। दुनिया की चीजों से मुझे शांति नहीं मिलती।''

ईसा बोले, ''वत्स, तुमने मुझे 'देव' शब्द से संबोधित किया। लेकिन इस जगत् में देव तो केवल परमात्मा ही है। मैं तो उसके कृपाराज्य का एक मामूली सेवक हूँ। अगर तुम अमर जीवन प्राप्त करना चाहते हो तो जाओ, अपनी सभी चीजें बेच दो और अपनी सारी संपत्ति गरीबों के बीच बाँट दो। यह तो मुमकिन है कि ऊँट सुई के छेद में से निकल जाए, पर यह कतई मुमकिन नहीं कि कोई धनी आदमी ईश्वर के राज्य में दाखिल हो जाए।''

उग्र स्वभाव

एक व्यक्ति एक संत के पास गया और बोला, ''महाराज, मेरा स्वभाव बहुत उग्र है। इसे नियंत्रित करने का उपाय बताइए।''

संत ने कहा, ''अरे वाह, यह तो नई चीज है। मैंने आज तक उग्र स्वभाव नहीं देखा। जरा दिखाओ तो कैसा होता है उग्र स्वभाव?''

वह व्यक्ति बोला, ''लेकिन महाराज, वह तो कभी-कभी अचानक होता है। उसपर मेरा नियंत्रण थोड़े ही है।''

यह सुनकर संत बोले, ''यदि वह हमेशा नहीं होता तो तुम्हारा स्वभाव नहीं है। किसी कारण से तुमने उसे बाहर से ओढ़ा हुआ है। बस, हमेशा इस बात का ध्यान रखना।''

संत का स्वभाव

किसी गाँव के निकट एक संत अपनी कुटिया में रहते थे। वह हर किसी को अपना मित्र समझते और उनकी सहायता करते थे। अगर कोई दुष्ट व्यक्ति उनकी उदारता का अनुचित लाभ उठाने की कोशिश भी करता तो वह उसको क्षमा कर देते और कहते, ''कभी जब इसका अच्छा समय आएगा तो यह स्वयं ही सुधर जाएगा।'' गाँववाले संत से कहते, ''आप इसे कोई दंड दे दो।'' वह कहते, ''मैं अपना मूल स्वभाव कैसे छोड़ दूँ। मैंने उसे क्षमा कर दिया।''

एक बार जब संत काशी गए तो किसी दुष्ट व्यक्ति ने उनकी कुटिया से सारा सामान गायब कर दिया। संत लौटकर अपनी कुटिया में गए और तत्काल निर्विकार भाव से बाहर आए। फिर उन्होंने बाहर खड़े गाँववालों से कहा, ''भगवान् की मुझ पर असीम कृपा है। धूप में सिर छुपाने के लिए छत अभी बची हुई है। वह मुझे आँधी और वर्षा से भी बचाएगी। भोजन की व्यवस्था तो कहीं-न-कहीं से हो ही जाएगी। बाकी मुझे क्या चाहिए। जो चीज मेरे उपयोग की न थी, उनका चले जाना ही अच्छा है।''

गाँववाले उनके विशाल हृदय की प्रशंसा करते हुए उनके लिए आवश्यक सामग्री जुटाने में लग गए। थोड़ी देर में वह व्यक्ति भी आया, जिसने संत का सामान चुराया था। उसने संत के चरणों में गिरकर माफी माँगी और सदाचार की राह पर चलने की शपथ ली।

प्रशंसा और अपमान

एक संत नदी तट पर आश्रम बनाकर रहते और अपने शिष्यों को शिक्षा देते थे। कुंभी नाम का एक शिष्य दिन-रात उनके पास ही रहता था। संत उसके प्रति काफी स्नेह रखते थे। एक दिन उसने संत से पूछा, ''गुरुदेव, मनुष्य महान् किस तरह बन सकता है?''

संत ने कहा, ''वत्स, कोई भी मनुष्य महान् बन सकता है, लेकिन उसके लिए कुछ बातों को अपने दिलोदिमाग में उतारना होगा।''

इसपर कुंभी बोला, ''कौन सी बात को?''

कुंभी की बात सुनकर संत ने एक पुतला मँगवाया और कुंभी से कहा, ''वत्स, इस पुतले की खूब प्रशंसा करो।''

कुंभी ने पुतले की तारीफों के पुल बाँधने शुरू कर दिए। वह काफी देर तक ऐसा करता रहा। फिर संत ने उससे कहा, ''अब तुम पुतले का अपमान करो।''

यह सुनकर कुंभी ने पुतले का अपमान करना शुरू कर दिया। पुतला क्या करता। वह अब भी शांत रहा। संत बोले, ''तुमने इस पुतले की प्रशंसा व अपमान करने पर क्या देखा?''

कुंभी बोला, ''गुरुदेव, मैंने देखा कि पुतले पर प्रशंसा व अपमान का कुछ भी फर्क नहीं पड़ा।''

कुंभी की बात सुनकर संत बोले, ''बस महान् बनने का यही एक सरल उपाय है। जो व्यक्ति मान-अपमान को समान रूप से सह लेता है, वही महान् कहलाता है। महान् बनने का इससे बढ़िया उपाय कोई और नहीं हो सकता।

संत की इस व्याख्या से उनके सभी शिष्य सहमत हो गए और सबने प्रण किया कि वे अपने जीवन में प्रशंसा व अपमान को समान रूप से लेने का प्रयास करेंगे।

बंधन नहीं मुक्ति

एक बार स्वामी दयानंद के पास एक ब्राह्मण आया। उसने उन्हें प्रणाम किया और उसके समक्ष एक पान पेश किया। स्वामीजी ने उसे स्वाभाविक रूप से खाना शुरू किया, लेकिन जब उन्हें उसका स्वाद कड़वा लगा तो उन्होंने जान लिया कि इसमें जहर डला हुआ है। उन्होंने ब्राह्मण से कुछ नहीं कहा और बाहर जाकर पान को थूक दिया और वमन करके गंगा की ओर चल दिए। बाद में नहा-धोकर वे अपने आसन पर आ विराजे।

यह बात छिपी न रह सकी और जब यह बात उनके एक मुसलिम भक्त तहसीलदार को मालूम हुई तो उसने ब्राह्मण को पकड़कर कारागार में डाल दिया। फिर स्वामीजी को बताने के लिए वह उनके पास आया तो स्वामीजी ने उसकी तरफ देखा तक नहीं और अपने काम में व्यस्त हो गए। यह देखकर तहसीलदार को आश्चर्य हुआ और उसने नाराजगी का कारण पूछा।

तब स्वामीजी ने कहा, ''मुझे अभी-अभी पता चला है कि तुमने मेरे कारण एक ब्राह्मण को कैद में डाल दिया है। मगर तुम भूल गए कि मैं यहाँ बाँधने के लिए नहीं, बल्कि मुक्त करने के लिए आया हूँ। तुमने यह जो काम किया, वह मेरे उसूलों के खिलाफ है और इसे मैं कैसे बरदाश्त कर सकता हूँ।''

स्वामीजी की बात सुनकर तहसीलदार खामोश रह गया, क्योंकि वह तो ब्राह्मण को कैद किए जाने की खुशखबरी सुनाने के इरादे से आया था और स्वामीजी ने नाराजगी जाहिर कर दी थी। तहसीलदार स्वामीजी की बात का मतलब तो समझ

गया, लेकिन् उसके मन में अब भी एक शंका थी, इसलिए उसने स्वामीजी से पूछा, "क्या एक, हत्यारे को माफ करना उचित है?"

स्वामीजी ने कहा, "हाँ, उचित है वरना उसमें और मुझमें क्या फर्क रह जाएगा?

तहसीलदार ने माफी माँगी और ब्राह्मण को रिहा करने का वचन दिया।

मौनव्रत

एक बार किसी संत के पास उनके कुछ शिष्य पहुँचे। वे बहुत उत्साहित थे। उन्होंने संत को बताया, "स्वामीजी हमने पूरे एक महीने तक मौनव्रत का पालन किया। इस दौरान चाहे जितनी परेशानी हुई, बाधाएँ आईं, गड़बड़ियाँ हुईं, पर हमने अपना मुँह नहीं खोला। संयम से मौनव्रत पर दृढ़ रहे।"

शिष्यों को लगा कि मौनव्रत की इस लंबी साधना के बारे में जानकर आचार्य उन्हें शाबाशी देंगे। लेकिन आचार्य ने नाराज होकर कहा, "यह कौनसी उपलब्धि है। तुम लोग तो जानते हो कि अपराध के खिलाफ मौन गलत है। यदि कोई कारण नहीं हो तो पशु-पक्षी भी मौन रहते हैं। लेकिन वे दूध देते हैं, बोझ उठाते हैं। किसी-न-किसी तरह दूसरों की मदद करते हैं। मौन रहने में साधुता नहीं, विवेक और संयम से सारगर्भित बोलकर वाणी को पवित्र रखने में साधुता है।"

पाँच बोरियाँ

एक व्यक्ति एक संन्यासी के पास गया और बोला, "महाराज, मुझे ईश्वर से मिलना है।"

संन्यासी बोला, "जरूर, लेकिन पहले मेरा एक काम करो। मेरा आश्रम ऊपर पहाड़ी पर है, कल सुबह ये पाँच बोरियाँ लेकर तुम अकेले वहाँ आ जाना, वहाँ मैं तुम्हें ईश्वर के दर्शन करा दूँगा।"

यह सुनकर वह व्यक्ति बहुत खुश हुआ। सुबह होते ही वह पाँचों बोरियाँ लेकर पहाड़ी पर चढ़ने लगा। अभी वह थोड़ी ही दूर पहुँचा था कि थक गया।

उसने देखा बोरियाँ पत्थरों से भरी हैं। उसने सोचा बोरियों में पत्थर ही तो हैं, एक बोरी कम भी हो जाए तो क्या और उसने एक बोरी वहीं पटक दी।

फिर वह वहाँ से आगे बढ़ा तो वह फिर थक गया। उसने फिर एक बोरी वहीं छोड़ दी। इस तरह वह पाँचों बोरियाँ छोड़कर खाली हाथ साधु के पास पहुँचा और बोला, ''महाराज, बोरियों में पत्थर ही तो थे, उन्हें मैं रास्ते में ही छोड़ आया, मुझे अब जल्दी से ईश्वर से मिलवाओ।''

संन्यासी बोला, ''बालक, जिस तरह पाँच बेकार बोरियों को लेकर यहाँ आना कठिन था, वैसे ही काम, क्रोध, मद, लोभ और अहंकार—इन पाँचों बोरियों को लेकर ईश्वर प्राप्ति नहीं हो सकती।''

उस व्यक्ति को संन्यासी की बात समझ में आ गई और वह इन पाँचों बोरियों को छोड़ने का यत्न करने लगा।

जन-विश्वास का महत्त्व

प्रसिद्ध चीनी संत कन्फ्यूशियस से उनके एक शिष्य ने प्रश्न किया, ''महाराज, शासन प्रभावशाली किस प्रकार बनाया जा सकता है?''

कन्फ्यूशियस बोले, ''पर्याप्त भोजन, अस्त्र-शस्त्र और जनता का विश्वास प्राप्त करके।''

शिष्य ने पुनः प्रश्न किया, ''यदि इन तीनों में से किसी एक का त्याग करना पड़े तो किसे छोड़ें?''

कन्फ्यूशियस बोले, ''शस्त्र को।''

शिष्य ने फिर पूछा, ''और यदि शेष दोनों में से एक का त्याग करना पड़े तब?''

कन्फ्यूशियस गंभीर स्वर में बोले, ''ऐसी स्थिति में भोजन का त्याग करें। अनंत काल में मानव मृत्यु का ग्रास बनता आया है। भोजन के अभाव में कुछ लोग और मरेंगे।''

शिष्य ने फिर पूछा, ''यदि जनता का विश्वास त्याग दें तो कैसा रहेगा?''

कन्फ्यूशियस ने एक क्षण सोचे बिना उत्तर दिया, ''ऐसी स्थिति में सर्वनाश

हो जाएगा। कोई भी शासन भोजन और अस्त्र-शस्त्र के अभाव में तो चल सकता है, किंतु जनविश्वास के समाप्त होने पर एक क्षण भी नहीं टिक सकता।''

अज्ञानी ही दुःखी

एक बार एक संत से मिलने एक अमीर आदमी आया। उसने देखा, संत फटा सा कुरता पहने बैठे हैं। अमीर बोला, '' महाराज, आप तो अभाव का जीवन जी रहे हैं और बहुत दुःखी हैं।''

संत ने प्रतिप्रश्न किया, ''आपने यह कैसे अंदाजा लगा लिया कि मैं गरीब हूँ, इसलिए दुःखी हूँ। दुःखी वह होता है, जो अज्ञान में जीता है। मैं अज्ञान में नहीं जी रहा। इसलिए दुःखी नहीं हूँ।''

निंदा और प्रशंसा

किसी नगर में एक बार संत सदात्मा का आगमन हुआ। उनकी विद्वत्ता के कारण श्रद्धालु खिंचे चले आते थे। कुछ श्रद्धालु ऐसे भी होते हैं, जिन्हें भक्ति-रस से ज्यादा निंदा-रस में आनंद आता है। ऐसा ही एक श्रद्धालु सुखराम परनिंदा में सुख का अनुभव करता था, संत-महात्मा के सामने भी धर्म-कर्म की बातों से दूसरे संतों की निंदा पर आने में उसे देर नहीं लगी, बोला, ''महाराज, आपकी तो बात ही निराली है। आपकी ख्याति के सामने संत सूर्य सागर कहाँ ठहरते हैं। प्रशंसकों से घिरे रहकर उन्हें अपनी ही जय-जयकार करवाने से फुरसत नहीं मिलती तो धर्मभावना क्या फैलाएँगे।''

संत सदात्मा मुसकराते रहे। सुखराम के जाने के बाद एक श्रद्धालु ने संत से पूछा, ''यह सुखराम दूसरे संत की निंदा कर रहा था और आपकी प्रशंसा। फिर भी आप न तो क्रोधित हुए और न ही प्रसन्न, ऐसा क्यों?''

संत बोले, ''वत्स, इस दुनिया में हर कोई मुँह पर प्रशंसा ही करता है। मगर पीठ पीछे की गई प्रशंसा ही असली प्रशंसा है। रही बात परनिंदा की तो अगर वह मेरे सामने दूसरे संत की निंदा कर रहा है तो दूसरों के सामने मेरी निंदा भी करेगा।

ऐसे में मेरा कर्तव्य है कि मैं न तो अपनी प्रशंसा से आनंदित होऊँ और न ही दूसरों की निंदा से क्रोध प्रकट करूँ।''

सबको संत की अलौकिकता अब उनके चेहरे पर दिख रही थी।

आँख और कान में भेद

एक संत के पास तीन व्यक्ति शिष्य बनने के लिए गए। संत ने उनसे पूछा, ''बताओ आँख और कान में कितना अंतर है?''

इस पर पहले व्यक्ति ने कहा, ''महाराज, पाँच अंगुल का अंतर है।''

दूसरे ने कहा, ''महाराज, जगत् में आँख का देखा हुआ, कान के सुने हुए से अधिक प्रामाणिक माना जाता है। यही आँख और कान का भेद है।''

तीसरा बोला, ''महाराज, आँख और कान में और भी भेद हैं। आँख से कान की विशेषता है। आँख लौकिक पदार्थों को ही दिखलाती है, लेकिन कान परमार्थ-तत्त्व को भी जतानेवाला है। यह विशेष अंतर है।''

संत ने पहले व्यक्ति को शिष्य रूप में स्वीकार नहीं किया। उन्होंने दूसरे को उपासना का और तीसरे को ब्रह्मज्ञान का उपदेश दिया।

स्वर्ग-नरक की परिभाषा

एक बार की बात है। वांग ली नाम का एक सैनिक-संत कन्फ्यूशियस के पास गया और बोला, ''महाराज, कृपया मुझे स्वर्ग और नरक की परिभाषा समझाइए।''

कन्फ्यूशियस ने कहा, ''तुम सैनिक कहाँ हो? तुम तो भिखारी जैसे लगते हो।''

यह सुनकर वांग ली नाम का वह सैनिक आगबबूला हो गया और उसने अपनी म्यान से तलवार निकाल ली। यह देख कन्फ्यूशियस ने कहा, ''यह तलवार नकली है, मेरी गरदन नहीं काट सकती।''

वांग ली कुछ देर शांत रहा और फिर विचार कर अपनी तलवार वापस म्यान

में डाल ली। तब कन्फ्यूशियस ने कहा, ''देख लिया न! जब तुम आगबबूला होकर तलवार चमका रहे थे, तब नरक में थे और अब सूझबूझ से काम लेकर तलवार म्यान में डाल ली, अब तुम स्वर्ग में पहुँच गए। इसी तरह हर व्यक्ति के हिस्से में आनेवाले स्वर्ग-नरक का फैसला होता है।''

यह सुनकर वांग ली का सिर लज्जा से झुक गया। उसने संत से क्षमा माँगी और वहाँ से चला गया।

समस्या का समाधान

एक बार एक गृहस्थ किसी संत के प्रवचन सुनने के लिए आया। प्रवचन समाप्त होने के बाद भी वह वहीं बैठा रहा। संत ने भाँप लिया कि वह किसी गहरे तनाव में है। उन्होंने पूछा, ''वत्स, तुम अभी तक नहीं गए। क्या किसी परेशानी में हो?''

गृहस्थ ने कहा, ''महाराज, एक चिंता हो तो बताऊँ। सिर से पाँव तक चिंताओं का बोझ लदा हुआ है। समझ में नहीं आता क्या करूँ?''

यह सुनकर संत ने अपना पीतल का कमंडल उठाते हुए कहा, ''आओ, नदी किनारे चलें। वहीं बात करेंगे।''

नदी के तट पर बैठकर संत अपना कमंडल माँजने लगे। वह जितना माँजते कमंडल उतना ही चमकता। तब संत ने कहा, ''जानते हो, मैं इसे क्यों रगड़ रहा हूँ?''

गृहस्थ ने कहा, ''इसे और निखारने के लिए।''

संत बोले, ''बिलकुल ठीक। ईश्वर भी जिन्हें प्रेम करता है, उन्हें रगड़-रगड़कर निखारता और चमकाता जाता है। इस क्रिया में कुछ मूढ़मति घबरा जाते हैं और अपने कर्तव्यों से डिगने लगते हैं। लेकिन ज्ञानवान अपने आस-पास सकारात्मक वातावरण निर्मित कर लेते हैं। दुनिया में तुम ही अकेले नहीं हो, जो इस तरह की परीक्षाओं से गुजर रहे हो। इन परेशानियों को परीक्षा की तरह लोगे तो कष्ट कम होगा। आओ इनका सामना करें।''

संत की बातों से गृहस्थ को बड़ी राहत मिली। उसे अपनी समस्या का हल मिल गया था।

सच्चा समर्पण

एक राजा पहली बार महात्मा बुद्ध के दर्शन करने अपने पास का एक अमूल्य स्वर्णाभूषण लेकर आया। महात्मा बुद्ध उस अमूल्य भेंट को स्वीकार करेंगे, इस बारे में उसे शंका थी। सो, अपने दूसरे हाथ में वह एक सुंदर गुलाब का फूल भी ले आया था। उसे लगा बुद्ध इसे अस्वीकार नहीं करेंगे।

बुद्ध से मिलने पर जैसे ही उसने अपने हाथ में रखा रत्नजड़ित आभूषण आगे बढ़ाया तो बुद्ध ने मुसकराकर कहा, ''इसे नीचे फेंक दो।''

यह सुनकर राजा को बहुत बुरा लगा। फिर भी उसने वह आभूषण फेंककर दूसरे हाथ में पकड़ा हुआ गुलाब का फूल बुद्ध को अर्पण किया, यह सोचकर कि गुलाब में कुछ आध्यात्मिकता, कुछ प्राकृतिक सौंदर्य भी शामिल है और बुद्ध इसे अस्वीकार नहीं करेंगे। लेकिन फूल देने के लिए जैसे ही उसने हाथ आगे बढ़ाया, बुद्ध ने फिर कहा, ''इसे नीचे गिरा दो।''

इससे राजा बहुत परेशान हुआ। वह बुद्ध को कुछ देना चाहता था, लेकिन अब उसके पास देने के लिए कुछ भी बचा नहीं था। तभी उसे अपने आप का खयाल आया। उसने सोचा, वस्तुएँ भेंट करने से बेहतर है कि मैं अपने आपको भेंट कर दूँ। यह खयाल आते ही उसने अपने आपको बुद्ध को भेंट करना चाहा। बुद्ध ने फिर कहा, ''नीचे गिरा दो।''

बुद्ध के जो शिष्य वहाँ मौजूद थे, वे राजा की स्थिति देखकर हँसने लगे। तभी राजा को बोध हुआ कि 'मैं अपने आपको भेंट करता हूँ।' कहना कितना अहंकारपूर्ण है। 'मैं अपने आपको समर्पित करता हूँ,' ''यह कहने में समर्पण नहीं हो सकता, क्योंकि 'मैं' तो बना हुआ है। वह समर्पित कहाँ हुआ! इस बोध के साथ राजा स्वयं बुद्ध के पैरों में गिर पड़ा।

मोक्ष प्राप्ति का मार्ग

एक व्यक्ति ने एक संत से पूछा, ''महाराज, मोक्ष प्राप्ति के लिए घर छोड़ना आवश्यक है?''

संत ने कहा, ''बिल्कुल आवश्यक नहीं है। घर छोड़ना यदि आवश्यक होता

तो जनक गृहस्थ रहते हुए भी विदेह कैसे हो जाते?''

कुछ दिनों के बाद दूसरे व्यक्ति ने उस संत से यही प्रश्न किया।

संत बोले, ''मोक्ष के लिए घर-द्वार छोड़ना अत्यंत आवश्यक है। यदि घर का परित्याग किए बिना ही मोक्ष मिल जाता तो सुखदेव जैसे संन्यासी यहाँ कैसे पैदा होते? जैनों में, बौद्धों में, वैदिकों में जो हजारों-हजार संन्यासी बने हैं, मुनि बने हैं, भिक्षु बने हैं, वे क्यों भटकते जंगलों में? क्यों अनगिनत कष्ट सहते?''

एक बार संयोगवश दोनों व्यक्ति कहीं मिल गए। पहले ने कहा, ''संत महाराज ने कहा है कि मोक्ष पाने के लिए घर छोड़ना जरूरी नहीं है।''

दूसरे ने कहा, ''तुम झूठ बोल रहे हो। मैंने भी पूछा था उनसे। उन्होंने कहा था कि मोक्ष पाने के लिए घर छोड़ना बहुत जरूरी है।''

दोनों में विवाद हो गया। दोनों अपनी-अपनी बातों पर अड़े थे। उन्हें कोई समाधान नहीं मिल रहा था। दोनों फिर उसी संत के पास गए और बोले, ''महाराज, आपने हमें लड़ा दिया। प्रश्न एक था, पर आपने उसके दो उत्तर दिए, वे भी एक-दूसरे से उलटे।

संत मुसकराए। फिर उन्होंने पहले व्यक्ति से कहा, ''देखो, तुम्हारी मनोवृत्ति घर छोड़ने की नहीं थी। तुम घर छोड़कर साधना नहीं करना चाहते थे। इसलिए मैंने कहा कि मोक्ष प्राप्ति के लिए घर छोड़ना जरूरी नहीं है। तुम घर में रहकर भी साधना कर सकते हो।''

फिर संत ने दूसरे व्यक्ति से कहा, ''तुम मानसिक तौर पर घर छोड़ने के लिए तैयार हो गए थे। इसलिए मैंने कहा था कि मोक्ष प्राप्ति के लिए घर छोड़ना आवश्यक है। जिसकी जैसी मनोदशा थी, उससे मैंने वही कहा। इसमें कठिनाई ही क्या है। लक्ष्य दोनों का एक ही है—मोक्ष प्राप्ति। दोनों अपने-अपने मार्ग से इसे पा सकते हैं।''

सबसे अपवित्र है क्रोध

एक बार गंगास्नान करके एक संन्यासी घाट के ऊपर जा रहे थे। भीड़ तो काशी में रहती ही है, बचने का प्रयत्न करते हुए भी एक चांडाल बच नहीं सका, उसका वस्त्र उन संन्यासीजी से छू गया। अब तो संन्यासी को क्रोध आ गया। उन्होंने एक छोटा पत्थर उठाकर चांडाल पर दे मारा और उसे डाँटते हुए कहा,

"अंधा हो गया है क्या, देखकर नहीं चलता, अब मुझे फिर स्नान करना पड़ेगा।"

चांडाल ने हाथ जोड़कर कहा, "महाराज, मुझसे अपराध हो गया, मुझे क्षमा कर दें। रही स्नान करने की बात, सो आप स्नान करें, या न करें, मुझे तो अवश्य स्नान करना पड़ेगा।"

संन्यासी ने आश्चर्य से पूछा, "तुझे क्यों स्नान करना पड़ेगा?"

चांडाल बोला, "सबसे अपवित्र महाचांडाल तो क्रोध है और उसने आपमें प्रवेश करके मुझे छू दिया है। मुझे पवित्र होना है उसके स्पर्श से।"

चांडाल की बात सुनकर संन्यासी ने लज्जा से सिर नीचे कर लिया।

स्वयं का मालिक

यूनान में एक संत रहते थे। उनका नाम डायोजिनिस था। वे हर वक्त ईश्वर को याद किया करते थे। एक बार वे जंगल से होकर कहीं जा रहे थे। तभी उनकी नजर एक ऐसे गिरोह पर पड़ी, जो लोगों को गुलाम बनाकर बाजार में बेचते थे। गिरोह के लोगों ने जब डायोजिनिस के हृष्ट-पुष्ट शरीर को देखा तो आपस में विचार किया कि इस व्यक्ति की बाजार में अच्छी कीमत मिल सकती है।

फिर क्या था, उन लोगों ने संत डायोजिनिस को पकड़ लिया। संत ने थोड़ा भी विरोध नहीं किया। जब गिरोह के एक व्यक्ति ने उन्हें हथकड़ी पहनानी चाही तो उन्होंने स्वयं अपना हाथ उनके सामने बढ़ा दिया। वे पूरी तरह शांत थे। यह देखकर गिरोह के एक-दूसरे व्यक्ति ने उनसे पूछा, "हम लोग तुम्हें गुलाम बना रहे हैं और तुम शांतचित्त होकर मुसकरा रहे हो? कहीं पागल तो नहीं हो?"

डायोजिनिस बोले, "मैं तो जन्मजात मालिक हूँ, अतः व्यर्थ क्यों चिंता करूँ?"

गिरोह उन्हें बाजार में ले गया और ऊँची बोली लगाने लगा, "एक हृष्ट-पुष्ट गुलाम है। किसी को गुलाम की जरूरत हो तो बोलो।"

इतना सुनते ही संत डायोजिनिस उन लोगों से भी ऊँची आवाज में बोला, "यदि किसी को मालिक की जरूरत हो तो मुझे खरीद लो। मैं अपनी इंद्रियों का स्वयं मालिक हूँ। गुलाम वे हैं, जो इंद्रियों के पीछे भागते हैं और शरीर को ही सब कुछ समझते हैं।"

तभी अचानक एक पादरी वहाँ आया। वह समझ गया कि वह व्यक्ति

आत्मज्ञानी है। वह संत डायोजिनिस के कदमों में लोट गया। यह देखते ही गिरोह के सदस्य वहाँ से भाग गए।

सांसारिक मायाजाल

महात्मा बुद्ध के व्यक्तित्व और उपदेशों में ऐसा आकर्षण था कि जो कोई उनके दर्शन कर लेता था, वह सांसारिक मायाजाल से मुक्त होकर अपना जीवन धर्म-प्रचार तथा सेवा-परोपकार के लिए समर्पित कर देता था, यह देखकर गौतमी नाम की एक महिला कहा करती, ''बुद्ध ने न जाने कितने लोगों पर जादू कर उन्हें घर-बार छोड़ने को तत्पर कर दिया है। उन्होंने अनेक परिवार के युवकों को भिक्षुक बना दिया है, वे घर की सुख-सुविधाएँ त्यागकर पागलों की तरह विहारों में आँखें बंद किए घंटों बैठे रहते हैं।''

गाँव में बुद्ध को आते देखकर गौतमी गाँव छोड़कर भाग जाती थी तथा अन्य लोगों को बुद्ध से बचने की सलाह दिया करती। संयोग से एक दिन गौतमी गाँव की सड़क से गुजर रही थी कि अचानक बुद्ध से सामना हो गया। बुद्ध उन्हें देखते ही ठहर गए। उन्हें गौतमी के सारे कार्य-कलापों का पता था। अचानक मिलने से दोनों की आँखें चार हुईं। गौतमी बुद्ध से बोली, ''क्या तुम वही बुद्ध हो, जिससे मैं बचना चाहती हूँ?''

बुद्ध मुसकराकर बोले, ''तुम मुझसे दूर भागती हो, लेकिन मैं हर क्षण तुम्हारे जैसे भोले व निष्कपट भक्तों को हृदय में रखे घूमता हूँ।''

गौतमी बोली, ''मैं भागती अवश्य थी, लेकिन मन में यह इच्छा अवश्य रहती थी कि मैं जिससे भयभीत हूँ, उसे एक बार देख तो लूँ।'' कहते-कहते आवेग में गौतमी बुद्ध के चरणों में गिर गई। उसने उसी समय दीक्षा ले ली।

संत की सद्प्रेरणा

एक बार संत तुलसीदास बिठूर (कानपुर) में निर्वासित जीवन बिता रहे अपने भाई बाजीराव पेशवा से मिलने गए। जब वे गंगा के तट पर विचरण कर रहे

थे कि तभी उन्होंने देखा, एक ब्राह्मण तथा शूद्र जाति के व्यक्ति के बीच गंगास्नान को लेकर विवाद हो रहा है। ब्राह्मण शूद्र को भला-बुरा कहते हुए गंगा में स्नान करने से मना कर रहा था।

यह देखकर संत तुलसीदासजी ने ब्राह्मण को संबोधित करते हुए कहा—ब्राह्मण देवता, धर्मशास्त्र गंगा और शूद्र दोनों को ही विष्णु के चरणों में प्रकट हुआ मानते हैं। फिर भला एक को पवित्र व दूसरे को अपवित्र कैसे माना जा सकता है? कोई भी व्यक्ति जाति से नहीं, बल्कि कर्मों से छोटा-बड़ा होता है। गंगास्नान करते समय किसी को अपने से छोटा मानना अधर्म है।''

एक शब्द का उपदेश

एक जिज्ञासु जीवन के सत्य को समझने के लिए किसी संत के पास आया और बोला, ''महाराज, मुझे केवल एक शब्द का उपदेश दे दें।''

संत ने जिज्ञासु की ओर देखा। जिज्ञासु की बात न केवल विचित्र थी, बल्कि चुनौतीपूर्ण भी थी। वह व्यक्ति बार-बार यही कहता जा रहा था कि उसे बहुत शब्दों में उपदेश न दें, क्योंकि वह भूल जाता है। बस एक शब्द में जीवन के सार की बात बता दें। उसने शास्त्र नहीं पढ़े थे और न ही उन्हें पढ़ने की इच्छा और धैर्य उसमें था।

संत मुसकराकर बोले, ''तुम्हारे लिए एक शब्द है—प्रेम, परंतु एक बात ध्यान में रखना कि प्रेम वही कर सकता है, जिसने स्वार्थ-वासना तथा अहं की क्षुद्रता का त्याग कर दिया है। यदि तुम सचमुच ही प्रेम कर सको तो शेष सब अपने आप हो जाएगा।''

जिज्ञासु को एक शब्द का उपदेश मिल गया था और वह खुशी-खुशी अपने घर चला गया।

सच्चा सुख

स्वामी रामतीर्थजी का नियम था कि वह सायंकाल अपने हाथ से रोटियाँ बनाकर, भगवान् का भोग लगाकर प्रसाद के रूप में ग्रहण करते थे।

एक बार वह एक श्रद्धालु के आमंत्रण पर उसके घर गए। प्रवचन-उपदेश के बाद सायंकाल उन्होंने आटा, सब्जी प्राप्त कर पाँच रोटियाँ बनाईं। एक रोटी के टुकड़े कर उन्हें जीव-जंतुओं के लिए रख दिया।

भगवान् का भोग लगाकर वह जैसे ही रोटियाँ खाने बैठे कि चार बालक खेलते हुए वहाँ पहुँच गए। स्वामीजी ने एक-एक रोटी चारों बालकों को दे दी। उन्हें खाते देखकर स्वामीजी आनंदित हो उठे।

अचानक गृहस्वामिनी वहाँ आ गई। वह यह देखकर हतप्रभ थी कि स्वामीजी ने अपने लिए बनाई रोटियाँ बच्चों में बाँट दी हैं। वह बोली, ''महाराज, अब आप क्या खाएँगे?''

स्वामीजी बोले, ''जो तृप्ति दूसरों को खिलाने में है, वह स्वयं खाने में नहीं।''

वह महिला स्वामीजी का दिव्यप्रेम देखकर अभिभूत थी।

शरीर का संस्कार

संत डायोनीज का स्वभाव बड़ा विचित्र था। इसीलिए उनके जीवनकाल में उनके परिचितों की संख्या बहुत कम थी। लोग उनसे कतराते थे, क्योंकि उन्हें लगता था कि डायोनीज सनकी हैं, पता नहीं किसे क्या कह दें। मृत्यु-शैय्या पर लेटे डायोनीज के पास उनका एक दोस्त खड़ा था। डायोनीज ने उससे कहा, ''दोस्त, मैं मर जाऊँ तो मेरे लिए एक काम जरूर करना।''

दोस्त ने हामी भरी तो डायोनीज ने कहा, ''मेरे शव का संस्कार करने के बजाय उसे जंगल में फेंक आना।''

यह सुनकर उनका दोस्त सकते में आ गया। उसने कहा, ''मैं ऐसा नहीं कर सकता, जंगल में तुम्हें शेर-गिद्ध-कौवे नोचकर खा जाएँगे।''

डायोनीज ने कहा, ''ठीक है, फिर तुम मेरे साथ एक छड़ी भी रखना।''

यह सुनकर दोस्त ने कहा, ''लेकिन लाश के पास छड़ी रखने से क्या होगा?''

डायोनीज ने कहा, ''यही तो मैं तुम्हें समझा रहा था। शरीर में जब मैं नहीं रहूँगा तो इसे किसी संस्कार की क्या जरूरत? अगर वह चील-कौओं के पेट भरने के काम आए, तब भी बहुत हुआ।''

मोक्ष की चाह

एक बार गौतम बुद्ध से एक युवक ने पूछा, ''भंते, क्या हर किसी को मोक्ष मिल सकता है?''

बुद्ध ने कहा, ''मिल सकता है।''

इस पर युवक बोला, ''तो मिल क्यों नहीं जाता?''

बुद्ध ने उसे दूसरे दिन सुबह आने को कहा। जब अगले दिन प्रात:काल युवक आया तो बुद्ध ने कहा, ''तुम नगर में जाओ और हर तरह के लोगों से मिलो। सबसे पूछो कि वे क्या चाहते हैं।''

शाम को लौटकर युवक बुद्ध के पास आया और बोला, ''भंते, कोई धन, कोई संतान, कोई स्त्री तो कोई स्वास्थ्य चाहता है।''

यह सुनकर बुद्ध ने पूछा, ''क्या कोई मोक्ष चाहता है?''

युवक बोला, ''नहीं, कोई भी नहीं।''

बुद्ध बोले, ''जो मोक्ष की इच्छा ही नहीं रखेगा, उसे वह भला कैसे मिल सकता है? और मोक्ष की इच्छा ही पर्याप्त नहीं है। उसे प्राप्त करने के लिए आस्थापूर्वक ज्ञान, ध्यान और प्रयत्न भी आवश्यक है। जिसको जिसकी चाह नहीं, उसे वह राह कैसे मिल सकती है?''

पुराना साथी

संत अफ्ररायत की जन्मभूमि फारस थी, लेकिन वह सीरिया में जा बसे थे। वे नगर के बाहर एक गुफा में रहते और परमात्मा की प्रार्थना करते। उनके पास बस एक चटाई थी और एक मोटा कपड़ा; जिसे वह हरदम पहनते थे।

एक दिन वह गुफा के बाहर बैठे थे कि फारस में नियुक्त एक राजदूत उनसे मिलने आया। वह जानता था कि संत फारस के हैं, इसलिए वह वहाँ से उनके लिए एक सुंदर कपड़ा ले आया था। संत को कपड़ा भेंट करते हुए उसने कहा, ''यह वस्त्र आपके देश का बना हुआ है, कृपया इसे स्वीकार कर मुझे कृतार्थ करें।''

संत बोले, ''मित्र, एक बात बताओ। मान लो, तुम्हारे घर पर कोई एक

पुराना सेवक हो, जिसने तुम्हारी खूब सेवा की हो, क्या उसके बूढ़े होने पर तुम उसे घर से निकाल दोगे?''

राजदूत ने कहा, ''हरगिज नहीं।''

इसपर संत बोले, ''बस मैं भी अपने साथी, इस पुराने कपड़े को हटाने के बारे में सोच नहीं सकता। इसी मोटे वस्त्र ने वर्षों धूप-सर्दी से मेरी रक्षा की है। यह जब तक मेरा साथ देगा, मैं इसे अपने साथ रखूँगा। तुम अपना यह कपड़ा ले जाओ।''

सच्ची भक्ति

एक बार संत राबिया के पास दो व्यक्ति पहुँचे। राबिया ने उनमें से एक से पूछा, ''भाई, तू खुदा की इबादत किसलिए करता है?''

उस व्यक्ति ने जवाब दिया, ''नरक के भयानक कष्टों से बचने के लिए।''

तब राबिया ने दूसरे से भी यही सवाल पूछा। उसने कहा, ''स्वर्ग बहुत ही सुंदर है। वहाँ तरह-तरह के भोग, सुख और आराम हैं। मैं उन्हें ही पाने के लिए इबादत करता हूँ।''

इसपर राबिया ने कहा, ''नासमझ लोग ही डर या लालच से इबादत करते हैं। न करने से तो यह भी अच्छा है, परंतु मान लो, अगर स्वर्ग न होता तो क्या तुम मालिक की बदंगी ही न करते? सच्ची भक्ति तो वही है, जो डर या लालच के बिना की जाती है।''

संन्यासी का जवाब

एक युवा संन्यासी गाँव के बाहर कुटिया बनाकर रहता था। सारा गाँव उसका आदर करता था। एक दिन अचानक सब बदल गया। गाँव की एक अविवाहित युवती को गर्भ ठहर गया। उसने एक बच्चे को जन्म दिया। पूछने पर उस युवती ने कह दिया कि इस बच्चे का पिता वह साधु है।

यह सुनकर गाँव के सभी लोग उस युवा साधु की कुटिया के बाहर खड़े हो गए। सबने मिलकर उसकी खूब पिटाई की और उस बच्चे को युवा साधु की गोद

में पटककर चले गए।

अगले दिन संन्यासी बच्चे को लेकर नियमानुसार गाँव में भिक्षा माँगने निकला, लेकिन जिसने भी उसे देखा, अपना द्वार बंद कर लिया। आखिरकार वह उस युवती के घर के बाहर पहुँचकर भिक्षा माँगने लगा, बोला, "बेशक मुझे भीख मत दो, लेकिन इस भूख से बिलखते बच्चे का कसूर क्या है? इसके लिए तो दूध मिल जाए।"

यह दृश्य देख वहाँ भीड़ इकट्ठी हो गई। युवती संन्यासी की बात से इतनी शर्मिंदा हुई कि अपने पिता के पैरों में गिरकर माफी माँगने लगी, बोली, "मैंने संन्यासी का नाम यूँ ही ले लिया था। इसका पिता कोई और है।"

पिता घबराकर घर से बाहर भागा और संन्यासी के पैरों में गिरकर माफी माँगने लगा। गाँव के लोग संन्यासी से कहने लगे, "आपने सुबह ही स्पष्ट क्यों नहीं कर दिया?"

संन्यासी बोला, "मैं क्या कहता! मुझे बदनाम करने का आनंद तुम ले रहे थे। इससे क्या फर्क पड़ता कि बच्चा किसका है। मुझे न तुम्हारे आदर से मतलब है, न अनादर से। मैं जो हूँ, वह हूँ। संन्यासी बनते ही मैंने यह फिक्र छोड़ दी थी कि मुझे कोई अच्छा कहे या बुरा।"

धन का सदुपयोग

संत रविदास जूते बनाने के साथ ईश्वर के भजन में भी लगे रहते थे। उनका विश्वास था कि यदि व्यक्ति सच्चे हृदय से नेक कर्म करे तो उसके पास जीविका हेतु साधन उपलब्ध हो ही जाते हैं। वह प्रतिदिन दो जोड़ी जूते बनाते। उनके बनाए जूते अत्यंत सुंदर, मजबूत और टिकाऊ होते थे, इसलिए अच्छे दाम में बिक जाते थे। वह केवल एक जोड़ी जूते बेचते, जबकि दूसरी जोड़ी किसी जरूरतमंद को दे देते थे।

एक दिन एक व्यक्ति उनके चरणों में स्वर्ण-मुद्राओं से भरी थैली रखते हुए बोला, "विप्रवर, यह तुच्छ भेंट आपके चरणों में समर्पित है। कुछ समय पहले मैं निस्संतान था। आपकी ख्याति सुनकर मैं यहाँ आया और आपके सामने हृदय से संतान की कामना करके गया। अब मुझे संतान की प्राप्ति हो गई है। मैं इसके लिए ईश्वर के साथ-साथ आपका भी आभारी हूँ, क्योंकि आपके दर्शनों के बाद

ही मुझे संतान प्राप्ति हुई।''

संत रविदास ने उस व्यक्ति को स्वर्ण-मुद्राएँ लौटाते हुए कहा, ''आपने मुझे इतना सम्मान दिया, इसके लिए मैं आपका आभारी हूँ। लेकिन अपने जीवनयापन लायक धन मैं प्रतिदिन अर्जित कर लेता हूँ। इन स्वर्ण-मुद्राओं से यदि आप किसी अपंग या निर्धन व्यक्ति की जरूरत पूरी कर देंगे तो मैं समझूँगा स्वर्ण-मुद्राएँ मुझे प्राप्त हो गई हैं।''

संत रविदास की इन बातों से प्रभावित होकर उस व्यक्ति ने अपना जीवन निर्धनों और अपंगों की सेवा में लगा दिया।

जाति का भेदभाव

स्वामी विवेकानंद ने संन्यास धारण कर लिया था। वे विभिन्न स्थलों की पैदल यात्रा कर रहे थे। यात्रा के दौरान एक दिन उन्हें प्यास लगी। पास ही उन्होंने एक व्यक्ति को कुएँ पर पानी पीते देखा। वे उसके पास गए और विनम्र भाव से बोले, ''भाई, जरा मुझे भी पानी पिला दो, प्यास लगी है।''

स्वामीजी की बात सुनते ही वह व्यक्ति बोला, ''मान्यवर, मैं अंत्यज हूँ। क्या आप मेरे हाथ से पानी पीना पसंद करेंगे?''

अंत्यज शब्द सुनकर विवेकानंद चौंक पड़े और फिर बिना कुछ कहे वहाँ से चुपचाप चल पड़े। अभी वे कुछ ही दूर गए थे कि उन्हें अपनी गलती का ज्ञान हुआ। वे सोचने लगे, 'यह क्या किया मैंने? मैंने तो जाति, कुल-मान आदि सभी का त्याग करके संन्यास ग्रहण किया था, फिर मेरे अंदर जाति का भेद क्यों जाग उठा। इससे तो संन्यासी बनने का उद्देश्य ही खत्म हो गया। यह संन्यासी होकर क्षुद्रात्मा जैसा कार्य मैंने क्यों किया? इसका तो प्रायश्चित्त करना होगा।'

यह सोचकर स्वामीजी उलटे पाँव लौट पड़े और वापस जाकर उस व्यक्ति से कहा, ''मुझे माफ करना। मुझसे बड़ी गलती हो गई। मैंने तुम्हारा घोर अपमान किया है। मैंने ईश्वर पुत्र को नीच समझा।'' यह कहकर उन्होंने उसे अपने गले से लगा लिया और उसके हाथों से पानी पिया।

भेदभाव करना ईश्वर का अपमान है।

कागज की पुड़िया

एक बार संत अनाम डूबते हुए सूरज की ओर देखते हुए वैभव की क्षणभंगुरता के बारे में सोच रहे थे, तभी एक आदमी उनके पास पहुँचा और विनत भाव से बोला, ''महाराज, मैं पुरु देश का धनी सेठ हूँ। तीर्थयात्रा के लिए चलने लगा तो मेरे एक मित्र ने मुझसे कहा, आप कई स्थानों की यात्रा करेंगे। कहीं से मेरे लिए शांति, सुख और प्रसन्नता मोल ले आना। मैंने अनेक स्थानों पर ढूँढ़ा, लेकिन ये तीनों वस्तुएँ कहीं नहीं मिलीं। आपको शांत, सुखी और प्रसन्न देखकर ही आपके पास आया हूँ कि आपके पास ये उपलब्ध हो जाएँ।''

यह सुनकर संत मुसकराते हुए अपनी कुटिया के भीतर गए और लौटकर एक कागज की पुड़िया देते हुए बोले, यह अपने मित्र को दे देना। और हाँ, रास्ते में इसे कहीं खोलना मत।''

सेठ ने पुड़िया ले जाकर अपने मित्र को दे दी। मित्र ने एकांत में ले जाकर उसे खोला और उसमें रखी ओषधि का सेवन करके कुछ ही दिनों में सुखी, शांत और प्रसन्न हो गया।

एक दिन वह सेठ अपने मित्र के पास आकर बोला, ''मित्र, मुझे भी अपनी ओषधि में से थोड़ा दे दे, मेरा भी कल्याण हो जाए।''

मित्र ने पुड़िया खोलकर दिखाई। उसमें लिखा था, ''अंतःकरण में विवेक और संतोष से ही स्थायी सुख-शांति और प्रसन्नता मिलती है।''

भय का त्याग

एक बार ईसा कहीं जा रहे थे कि रास्ते में उन्हें तीन दुबले-पतले व्यक्ति दिखाई दिए। ईसा ने उनसे प्रश्न किया, ''तुम्हारी यह हालत कैसे हो गई?''

उन व्यक्तियों ने कहा, ''आग के डर से।''

ईसा बोले, ''बड़े अचरज की बात है कि तुम प्रभु द्वारा उत्पन्न की गई वस्तु से डरते हो। परमात्मा डरनेवालों को बचाता जरूर है, लेकिन डरना छोड़ दो और बेहिचक भगवद्भजन करो।''

जब ईसा आगे बढ़े तो उन्हें तीन व्यक्ति और दिखाई दिए, जो पहले मिले

व्यक्तियों से भी अधिक दुबले थे और उनके चेहरे पीले पड़ गए थे। ईसा ने उनसे भी उनकी दशा का कारण पूछा। उन्होंने बताया, ''स्वर्ग की कामना के कारण।''

यह सुनकर ईसा बोले, ''भगवान् का भजन-पूजन जारी रखो। वह तुम्हारी इच्छा जरूर पूरी करेगा, क्योंकि तुम उसके द्वारा निर्मित वस्तु की इच्छा कर रहे हो।''

आगे चलने पर उन्हें तीन दुर्बल व्यक्ति और दिखाई दिए। लेकिन उनके चेहरे उन्हें दीप्तिमान दिखाई दे रहे थे। ईसा ने उनसे पूछा, ''तुम्हें किस बात का भय है, जो तुमने ऐसी हालत बना रखी है?''

उन्होंने उत्तर दिया, ''प्रभु के प्रति प्रेम के कारण।''

ईसा बोले, ''तुम उसके निकट हो, बहुत निकट। ईश्वर तुम्हें अवश्य मिलेंगे। तुम भय करना छोड़ो, क्योंकि जो भय की भावना से ईश्वर की भक्ति करता है, उसमें निराशा और असहायता के भाव उत्पन्न होते हैं। इससे भक्ति से विमुख हो जाने की आशंका है। इसलिए भय त्याग करना ही उचित है।

सेवा ही सबसे बड़ी पूजा

प्रख्यात महिला संत आंडाल एक बार भगवत् प्रार्थना में लीन थीं, तभी कई लोग उनकी कुटिया में आ पहुँचे। उन्होंने पहले उनकी जय-जयकार की, फिर मदद की गुहार करने लगे। वह चिल्ला रहे थे, ''रक्षा करो, रक्षा करो।'' आंडाल के शिष्यों ने उन्हें ऐसा करने से रोका और समझाया कि वे संत आंडाल की पूजा में विघ्न न डालें। शोर-शराबे से आंडाल का ध्यान भंग हो गया। वह बाहर आईं। उन्होंने लोगों से इस तरह आने का कारण पूछा। उन्होंने कहा कि गाँव के मुखिया की हालत बेहद खराब है। अब वही उसे बचा सकती हैं।

संत ने यह सुना तो तत्काल उनके साथ चल पड़ीं। उनके शिष्यों के लिए यह आश्चर्य का विषय था। वे समझ नहीं पा रहे थे कि आखिर आंडाल ने मुखिया के लिए अपनी पूजा अधूरी क्यों छोड़ दी। आज तक आंडाल ने इस तरह पूजा नहीं छोड़ी थी। शिष्य इस बात पर हैरान थे कि संत ने मुखिया के मामले को इतनी गंभीरता से क्यों लिया। मुखिया की छवि बहुत अच्छी भी नहीं थी।

एक पहर बाद उन्होंने देखा कि आंडाल बीमार मुखिया को लिये गाँववालों के साथ चली आ रही हैं। उन्होंने उनकी चारपाई एक पेड़ की छाया में डाल दी

और गाँववालों को लौट जाने को कहा, फिर वह कुटिया में गईं और कुछ ओषधियाँ निकाल लाईं। उन्होंने शिष्यों को निर्देश दिया कि वे मुखिया को समय-समय पर ओषधियाँ देते रहें और उनकी सेवा करें। शिष्यों ने उनकी आज्ञा का पालन तो किया पर उनका विस्मय बढ़ता ही जा रहा था। आखिरकार एक शिष्य ने पूछ लिया, ''माते, आज आपने बीच में ही आराधना छोड़कर इस मुखिया की सेवा की। इसमें क्या रहस्य है?''

आंडाल ने शांत भाव से उत्तर दिया, ''वत्स, ईश्वर समस्त प्राणियों में हैं। उनका कोई एक रूप या आकार नहीं है। वे तो कण-कण में वास करते हैं और प्रत्येक कर्म उनकी ही पूजा है। और मनुष्य की सेवा ही सबसे बड़ी पूजा है। इसलिए हमें प्रसन्न होना चाहिए।

धर्मग्रंथ

एक बार एक संत प्रवचन कर रहे थे। श्रोतागण मंत्रमुग्ध हो उन्हें सुन रहे थे। वे ऐसे सिर हिला रहे थे, मानो सभी धर्म-प्रसंगों से भली-भाँति परिचित हों, तभी अचानक संत ने एक धर्मग्रंथ का नाम लिया और लोगों से पूछा कि क्या उन्होंने इसे पढ़ा है। सभी ने इसका उत्तर 'हाँ' में दिया।

फिर उन्होंने लोगों को वह ग्रंथ दिखाते हुए पूछा कि क्या उन्होंने इसका उन्नीसवाँ अध्याय पढ़ा है? लोगों ने फिर सकारात्मक मुद्रा में सिर हिला दिया।

इसपर संत बोले, ''लेकिन इसमें तो उन्नीसवाँ अध्याय है ही नहीं।''

यह सुनकर लोगों का सिर झुक गया। संत ने समझाया, ''अध्ययन या किसी भी कार्य को करने की हरेक की अपनी सीमा है। इस सीमा को स्वीकार करने में संकोच नहीं होना चाहिए।''

स्वर्ग और नरक

एक संत अपने शिष्य को समझा रहे थे कि स्वर्ग और नरक करनी के फल हैं, लेकिन शिष्य के गले में यह बात नहीं उतर रही थी। अगले दिन संत यह

समझाने के लिए शिष्य को लेकर एक बहेलिए के पास पहुँचे, वहाँ जाकर शिष्य ने देखा कि शिकारी जंगल के कुछ निरीह पक्षी पकड़कर लाया था। वह उन्हें काट रहा था। यह देखते ही शिष्य चिल्लाया, ''महाराज, यहाँ तो नरक है, यहाँ से शीघ्र चलिए।''

संत बोले, ''वत्स, सचमुच इस बहेलिए ने इतने जीव मार डाले, लेकिन आज तक फूटी कौड़ी इससे न जुड़ी और न जुड़ेगी। कपड़ों तक के पैसे नहीं, इसके लिए यह संसार भी नरक है और परलोक में तो इतने मारे गए जीवों की तड़पती आत्माएँ उसे कष्ट देंगी, उसकी तो कल्पना भी नहीं हो सकती।''

संत दूसरे दिन एक साधु की कुटी पर पधारे। शिष्य भी साथ था। वहाँ जाकर देखा, साधु के पास है तो कुछ नहीं, लेकिन उनकी मस्ती का कुछ ठिकाना नहीं, बड़े संतुष्ट, बड़े प्रसन्न दिखाई दे रहे थे। संत ने शिष्य से कहा, ''वत्स, यह साधु इस जीवन में कष्ट का, तपश्चर्या का जीवन जी रहे हैं तो भी मन में इतना आह्लाद, इन्हें पारलौकिक सुख तो निश्चय ही है।''

सायंकाल संत शिष्य को लेकर एक वेश्या के घर में प्रवेश करने लगे तो शिष्य चिल्लाया, ''महाराज! यहाँ कहाँ?''

संत बोले, ''वत्स! यहाँ का वैभव भी देख लें। मनुष्य इस सांसारिक सुखोपयोग के लिए अपने शरीर, शील और चरित्र को भी जिस तरह बेचकर मौज उड़ाता है, लेकिन शरीर का सौंदर्य नष्ट होते ही कोई पास नहीं आता।''

अंतिम दिन वे एक सद्‌गृहस्थ के घर रुके। गृहस्थ बड़ा परिश्रमी, संयमशील, नेक और ईमानदार था, सो सुख-समृद्धि की उसे कोई कमी नहीं थी, वरन् वह बढ़ ही रही थी। संत ने कहा, ''यह वह व्यक्ति है, जिसे इस पृथ्वी पर भी स्वर्ग है और परलोक में भी।''

चार रत्न

यूनान के महात्मा अफलातून ने मरते समय अपने बच्चों को बुलाया और कहा, ''मैं तुम्हें चार-चार रत्न देकर मरना चाहता हूँ। आशा है, तुम इन्हें सँभालकर रखोगे। इन रत्नों से अपना जीवन सुखी बनाए रहोगे।''

बच्चों ने रत्न प्राप्ति के लिए हाथ फैलाए तो अफलातून ने एक-एक करके

चारों बच्चों को रत्न इस प्रकार दिए; उन्होंने पहले बच्चे को रत्न देते हुए कहा, ''पहला रत्न मैं तुम्हें क्षमा का देता हूँ। तुम्हें कोई भी कुछ भी कहे, तुम उसे विस्मृत करते रहो। कभी भी उसका प्रतिकार करने की बात अपने मन में न लाओ।''

अहंकार विहीनता का दूसरा रत्न दूसरे बच्चे को देते हुए उन्होंने कहा, ''अपने द्वारा किए गए उपकारों को तुरंत भूल जाओ।''

विश्वास का तीसरा रत्न तीसरे बेटे को देते हुए उन्होंने कहा, ''तुम इस बात को अपने मन में बाँधे रखना कि मनुष्य के बूते कभी कुछ भला-बुरा नहीं होता। जो कुछ होता है, वह सृष्टि के नियंता के विधान से होता है।''

वैराग्य का चौथा रत्न देते हुए अफलातून ने चौथे पुत्र से कहा, ''यह सदैव ध्यान में रखना कि एक दिन सभी को मरना है। सांसारिक संपत्ति पाकर पता नहीं कोई क्या बनता है, लेकिन इन गुणों का अनुसरण करके अफलातून के बच्चे निहाल जरूर हो गए।

हम एक हैं

एक बार संत विनोबा भावे से मिलने कॉलेज के कुछ छात्र आए। बातचीत के दौरान विनोबाजी ने उन्हें कागज के कुछ टुकड़े देते हुए कहा, ''इन टुकड़ों से भारत का नक्शा बनता है। जरा कोशिश कर आप भारत का नक्शा बनाएँ।''

कॉलेज के छात्र बड़ी देर तक माथापच्ची करते रहे, फिर भी उन कागज के टुकड़ों से देश का नक्शा बनाने में सफल नहीं हो पाए। पास ही बैठा एक देहाती युवक यह सब देख रहा था। उसने साहस कर संत विनोबाजी से कहा, ''बाबा यदि आप इजाजत दें तो मैं कोशिश करूँ?''

विनोबाजी बोले, ''हाँ, हाँ भाई यदि तुम नक्शा बना सकते हो तो जरूर बनाओ।''

कुछ ही देर में उस युवक ने उन कागज के टुकड़ों को जोड़कर भारत का नक्शा बना दिया। विनोबाजी ने उस युवक से पूछा, ''भाई, तुमने इतनी आसानी से नक्शा कैसे बना लिया?''

युवक ने जवाब दिया, ''जी, मैंने देखा कि इन टुकड़ों के एक तरफ भारत

का नक्शा है और दूसरी तरफ आदमी का। मैंने आदमी को जोड़ा, देश का नक्शा अपने आप जुड़ गया।''

तब संत विनोबाजी कॉलेज के छात्रों से बोले, ''देखा, कितनी सीधी-सादी बात है। यदि हमें देश को जोड़ना है तो पहले आदमी को जोड़ना होगा। आदमी जुड़ेगा तो देश अपने आप जुड़ जाएगा।''

सहनशीलता और धैर्य

संत एकनाथ के बारे में कहा जाता है कि उन्होंने समस्त विकारों पर विजय पा ली थी। किसी भी परिस्थिति में वह अपना संयम नहीं खोते थे और न अपने व्यवहार से कभी किसी को दुःखी किया करते। वह किसी पर भी क्रोध न करने के लिए प्रसिद्ध थे। उनकी विनम्रता एवं सहनशीलता की सभी प्रशंसा किया करते थे। लेकिन दुनिया में कुछ ऐसे लोग भी होते हैं, जिन्हें दूसरे की प्रशंसा फूटी आँख भी नहीं सुहातीं। वे हमेशा इसी जुगत में रहते हैं कि कैसे किसी को परेशान किया जाए।

एक दिन कुछ शरारती लोगों ने उन्हें क्रुद्ध करने की ठानी। उन्होंने इसके लिए किसी दुष्ट व्यक्ति को चुना और उससे कहा कि अगर वह संत एकनाथ को क्रुद्ध कर देगा तो उसे बहुत रुपए मिलेंगे। वह आदमी रुपए के लालच में आकर इस काम के लिए तैयार हो गया।

एक दिन जब संत एकनाथजी भजन कर रहे थे तो वह दुष्ट व्यक्ति उनके पास आया। उसने देखा कि एकनाथजी नेत्र बंद करके भजन में लीन हैं। उन्हें क्रोध दिलाने के लिए वह उनके कंधे पर चढ़ बैठा। संत ने आँखें खोलीं और मुसकराते हुए बोले, ''बंधु! आप जैसी आत्मीयता दरशानेवाला कोई भी अतिथि मेरे घर पर आज तक नहीं पधारा। मैं आपको बिना भोजन कराए जाने न दूँगा।'' यह कहकर उन्होंने उसे प्रेमपूर्वक भोजन कराया।

संत एकनाथ की सहनशीलता देख उस व्यक्ति को पश्चात्ताप हुआ ही, साथ ही उसे उकसानेवाले लोगों ने भी उनकी सहनशीलता और धैर्य की सराहना की। सहनशीलता एक ऐसा गुण है, जो दुश्मन को भी दोस्त बना देता है। अतः हमें हमेशा सहनशील बने रहना चाहिए।

हँसी का संदेश

चीन में तीन संत रहते थे, वे आम संतों से हर मामले में अलग थे। वे गंभीर रहने की बजाय हर समय हँसते रहते थे। वे कौन थे, कहाँ से आए थे, कोई नहीं जानता था। कोई उनका नाम पूछता तो वे बताते नहीं थे। जब लोग उनसे पूछते कि तुम कौन हो तो वे एक-दूसरे को देखकर हँसने लग जाते। कोई सवाल पूछता तो इतनी जोर से हँसते कि पूछनेवाला सकपका जाता या फिर वह भी उनके साथ हँसने लग जाता।

तीनों हँसनेवाले संतों के तौर पर मशहूर हो गए। जब भी कोई पूछता कि आप हमारे सवालों पर हँसते क्यों हो तो एक कहता कि तुम इतनी गंभीरता से पूछते हो कि तुम्हें दिया गया कोई भी जवाब खतरनाक ही होगा। दूसरा कहता कि हम तो जिंदगी को गंभीर नहीं समझते। गंभीरता का मतलब है कि इस संसार में कुछ सार है। लेकिन हमें तो यह निस्सार नजर आता है। यह तो एक खेल है। हमें तो उन लोगों से दिक्कत होती है, जो जिंदगी को गंभीर समझते हैं। इसलिए हम हँसने लगते हैं कि देखो, ये कितने नासमझ हैं। ये जिंदगी को गंभीर समझते हैं। इस संसार को खेल की तरह जीकर देखो।

जब उनमें से एक की मौत हो गई तो दोनों उसे हँसते-गाते जलाने ले गए और ज्योंही उसकी चिता में आग लगाई, चारों तरफ पटाखे चलने लगे। इस तरह उसने मरते-मरते लोगों को हँसी-खुशी का संदेश दिया।

ऊँचा उठने की लालसा

महात्मा बुद्ध नित्य अपने शिष्यों को प्रवचन देते थे, जिनमें जीवन का सार निहित होता था। एक बार एक लड़का बुद्ध के पास आया और शिष्य बनने की इच्छा प्रकट की। बुद्ध ने उसे दीक्षा दी और वह भी उनके शिष्यों में शामिल हो गया। वह रोज उनके प्रवचन सुनता और सोचता वह भी उनके समकक्ष ज्ञानी बन जाए और उसके भी इतने सारे शिष्य हों।

एक दिन वह बुद्ध के पास जाकर बोला, ''गुरुदेव, मेरा भी मन करता है कि आपकी तरह मेरे भी अनेक शिष्य हों और सभी मुझे आप जैसा ही सम्मान दें।''

शिष्य की बात सुनकर बुद्ध ने मुसकराते हुए कहा, ''वत्स, अभी तुमने दीक्षा ग्रहण की है। इतनी जल्दी यह कैसे संभव होगा? वर्षों की साधना के पश्चात् अपनी विद्वत्ता-योग्यता के बल पर तुम्हें यह उपलब्ध होगा।''

शिष्य ने कहा, ''गुरुदेव, मैंने आपसे काफी ज्ञान प्राप्त कर लिया है। मैं भी प्रवचन दे सकता हूँ। फिर मैं अभी शिष्य बनाकर उन्हें दीक्षा क्यों नहीं दे सकता?''

बुद्ध ने उसे तख्त से उतरकर नीचे खड़ा होने को कहा, फिर स्वयं तख्त पर खड़े हो गए और बोले, ''जरा मुझे उठाकर ऊपरवाले तख्त पर पहुँचा दो।''

शिष्य बोला, ''गुरुदेव, मैं खुद नीचे खड़ा हूँ, फिर आपको ऊपर कैसे पहुँचा सकता हूँ? इसके लिए तो पहले खुद मुझे भी ऊपर जाना होगा।''

यह सुनकर बुद्ध बोले, ''वत्स, ठीक इसी प्रकार यदि तुम किसी को अपना शिष्य बनाकर ऊपर उठाना चाहते हो तो पहले तुम्हारा भी ऊँचे स्तर पर होना आवश्यक है। परिश्रम और दीर्घ साधना से ही योग्यता आती है, जो समाज में यश व प्रतिष्ठा की उपलब्धि का आधार बनती है।''

शिष्य ने उनका आशय समझकर क्षमा माँग ली।

अपने कर्तव्य से मत डिगो

एक बार किसी गाँव में एक प्रसिद्ध संत पधारे। उनसे मिलने के लिए एक गाँव का किसान पहुँचा। उसने संत के सामने अपने कष्टों की चर्चा की और पूछा, ''महाराज, दु:ख से मुक्ति का उपाय क्या है?''

संत ने कहा, ''चाहो तो तुम इससे पूरी तरह मुक्त हो सकते हो।''

यह सुनकर किसान सोच में पड़ गया। कुछ देर बाद उसने कहा, ''महाराज, अभी मेरे बच्चे काफी छोटे हैं, दस साल बाद जब वे बड़े हो जाएँगे और अपने-अपने काम में लग जाएँगे, तब मैं अवश्य आपके साथ चल पड़ूँगा।''

दस साल बाद संत फिर उस गाँव में आए और उस किसान के पास पहुँचे। उन्होंने कहा, ''भाई, तुमने जो दस साल की अवधि चाही थी, वह गुजर चुकी है। चलो, अब स्वर्ग चलते हैं।''

किसान दुविधा में पड़ गया। उसे इस तरह असमंजस में पड़ा देख संत ने कहा, ''अब क्या अड़चन है?''

किसान बोला, ''प्रभो! पिछले दिनों मेरे लड़के की शादी हुई है। आपके आशीर्वाद से जरा पोते का मुँह देख लूँ, फिर अवश्य मैं आपके साथ चल दूँगा।''

दस साल और बीत गए। संत किसान के घर पहुँचे तो वह उन्हें कहीं दिखाई नहीं पड़ा। एक कुत्ता उन्हें वहाँ जरूर दिखाई पड़ा। अपनी योग-शक्ति के बल पर उन्होंने जान लिया कि यह कुत्ता ही पूर्वजन्म में किसान था। फिर योग-शक्ति के बल पर ही संत ने कुत्ते को पूर्वजन्म के वादे का ध्यान दिलाया। कुत्ते ने कहा, ''मेरे पोतों को पता नहीं कि आजकल जमाना बड़ा खराब है। चोर-डकैत रातों में घूमते रहते हैं। मुझे इस घर की रखवाली करनी है। हाँ, दस साल बाद मैं जरूर आपके साथ चलूँगा।''

संत ने मुसकराते हुए कहा, ''मुझे पता है कि दस साल बाद फिर तुम कोई बहाना ढूँढ़ लोगे। एक जीव जीवन के मोह से कभी मुक्त नहीं हो पाता। वह किसी भी हाल में जीना चाहता है। शायद इसीलिए सृष्टि चलती रहती है। मुझे प्रसन्नता है कि इस जन्म में भी तुम अपने कर्तव्य से नहीं डिगे।''

ईश्वर की पहचान

एक बार स्वामी अखंडानंद जानकी घाट के पास एक कुटिया में साधना करनेवाले बाबा के पास पहुँचे।

स्वामीजी ने बाबा से प्रश्न किया, ''महाराज, भगवान् के दर्शन कैसे हो सकते हैं, कोई सरल उपाय बताइए?''

बाबा ने पूछा, ''क्या तुमने कनक भवन में श्रीराम के दर्शन किए हैं या वृंदावन धाम में कभी बाँके बिहारीजी के दर्शन का लाभ उठाया है?''

स्वामीजी ने कहा, ''असंख्य बार दर्शन किए हैं।''

इस पर बाबा ने टिप्पणी की, ''लगता है तुमने मंदिरों में केवल पत्थरों को देखने में समय गँवाया है।''

फिर उन्होंने आगे कहा, ''जीवन हर क्षण भगवान् के दर्शन करता है। भगवान् तो कण-कण में व्याप्त हैं। भगवान् को पहचानने के लिए केवल दृष्टि चाहिए।''

स्वामीजी बाबा की बातों से बड़े प्रभावित हुए और उसके बाद उनकी दृष्टि बदल गई।

संत की सहनशीलता

संत दादू दयाल अपनी सादगी और सहनशीलता के लिए विख्यात थे। उनका स्नेह और आशीर्वाद पाने की ललक समाज के हर तबके में थी। हर तरह के लोग दर्शन के लिए लालायित रहा करते थे।

एक बार एक थानेदार घोड़े पर सवार होकर उनके दर्शन के लिए चल पड़ा। संत दादू फटे-पुराने वस्त्र पहने एक पेड़ की छाया तले बैठे थे। अहंकारी थानेदार के दिमाग में यह बात नहीं आई कि ऐसा साधारण आदमी संत दादू दयाल हो सकता है। उसने घोड़े पर बैठे-बैठे ही कड़क आवाज में पूछा, ''अरे ओ बुड्ढे! तुम जानते हो कि संत दादू दयाल कहाँ रहते हैं?''

यह सुनकर दादू शांत भाव से बैठे रहे। उनकी चुप्पी को थानेदार ने अपना अपमान समझा। उसने आव देखा न ताव, घोड़े से उतरकर दादू को तीन-चार झापड़ रसीद कर दिए। मार खाकर भी दादू मंद-मंद मुसकराते रहे। थानेदार आगबबूला हो गया। उसने कहा, ''अरे जाहिल! तुम मेरी तौहीन करते हो। तुम्हें पता नहीं मैं कौन हूँ?'' यह कहकर थानेदार ने लात-घूँसों से उनकी मरम्मत की। लेकिन दादू सब कुछ सहते रहे। थानेदार गाली-गलौज कर आगे बढ़ गया। रास्ते में उसने एक आदमी से पूछा, ''क्या तुम बता सकते हो कि संत दादू दयाल कहाँ रहते हैं?''

उस आदमी ने सिर हिलाया और उसे पीछे चलने को कहा। पेड़ की छाँव में बैठे आदमी की ओर इशारा करके उसने कहा, ''यही संत दादू हैं।

यह सुनकर थानेदार सन्न रह गया। उसे विश्वास नहीं हो रहा था कि संत दादू दयाल यही हैं, जिनकी अभी कुछ देर पहले मैंने पिटाई की थी। वह पछताने लगा। वह संत के चरणों में गिरकर गिड़गिड़ाते हुए बोला, ''मुझे माफ कर दीजिए। मैंने आपके साथ ये क्या कर डाला? मैं तो आपको अपना गुरु बनाने आया था।''

संत दादू दयाल ने उसे अपनी बाँहों में भरकर कहा, ''इसमें तुम्हारा कोई दोष नहीं है। यदि कोई एक टके का घड़ा भी खरीदता है तो उसे ठोक-बजाकर देखता है। तुम गुरु को पाना चाहते थे। किसी को गुरु बनाने से पहले उसे ठोक-बजाकर अच्छी तरह परख लेना चाहिए कि वह कच्चा है या पक्का। तुमने भी वही किया। इसमें कुछ भी गलत नहीं है।''

प्रभु-भक्ति

एक संन्यासी जंगल के एकांत कोने में कुटिया बनाकर रहते थे। वहाँ रहकर वह ईश प्रार्थना करते और जंगली जानवरों की देखभाल व सेवा करते। जंगली जानवर उनसे बहुत हिलमिल गए थे। संन्यासी अपनी इसी दिनचर्या में मस्त रहते।

एक दिन एक व्यक्ति जंगल में रास्ता भटक गया और उनकी कुटिया पर जा पहुँचा। संन्यासी ने उसे आश्रय दिया और फल-फूल से उनका स्वागत किया। व्यक्ति ने संन्यासी द्वारा जानवर सेवा का पुनीत कार्य देखा तो बोल उठा, "महाराज, आप यहाँ एकांत में इतना महान् सेवा कार्य कर रहे हैं, इसे कोई भी तो नहीं देख रहा, फिर...?"

व्यक्ति के 'फिर' का तात्पर्य समझ संन्यासी बोले, "भक्त मैं तो प्रभुभक्ति का कार्य कर रहा हूँ। इसमें दिखावा कैसा? और प्रभु तो सर्वत्र विद्यमान हैं ही, जो मेरे काम को बराबर देख रहे हैं, फिर दिखावा और किसके लिए?"

यह सुनकर वह व्यक्ति संन्यासी की अपार प्रभुभक्ति की भावना के आगे नतमस्तक हो गया।

अपवित्र हाथ

एक बार आनंदपुर साहब में गुरुनानक देवजी का प्रवचन चल रहा था। प्रवचन के मध्य में उन्होंने पानी पीने की इच्छा प्रकट की। श्रोताओं की अग्रिम पंक्ति में बैठा एक युवक उठा और पानी का गिलास लाकर गुरुजी को दिया। पानी का गिलास लेते समय नानक देवजी के हाथों का स्पर्श उस युवक के हाथों से हो गया। नानक देव को लगा कि उसके हाथ तो बहुत ही कोमल हैं। उन्होंने उससे प्रश्न किया, "पुत्र, तेरे हाथ इतने कोमल क्यों हैं? क्या तुमने इन हाथों का उपयोग कभी किसी की सेवा के लिए नहीं किया?"

युवक बोला, "गुरुदेव, मेरा जन्म एक संपन्न परिवार में हुआ है। मेरी सेवा के लिए अनेक नौकर-चाकर लगे हुए हैं। भला मुझे दूसरे की सेवा करने की क्या आवश्यकता है? मैं तो अपने अब तक के जीवन में पहली बार आपके लिए पानी

का एक गिलास लाया हूँ।''

गुरु नानक देवजी ने पानी का वह गिलास बिना पिए ही नीचे रख दिया और बोले, ''जो व्यक्ति परमात्मारूपी इस समाज की सेवा नहीं करता, उसके हाथ अपवित्र होते हैं। अपवित्र हाथों का जल भला कैसे ग्रहण किया जा सकता है।''

यह सुनकर युवक का दंभ से उठा सिर लज्जा से नीचे झुक गया।

मूर्खता पर ज्ञान की वरीयता

एक बार स्वामी विवेकानंद काशी गए। वहाँ के विद्वान् समाज में उनके ज्ञान के कारण जल्दी ही चारों ओर उनकी ख्याति फैल गई। प्रतिदिन उनसे मिलने दूर-दूर से बड़ी संख्या में ज्ञानीजन-सामान्यजन आने लगे। अनेक बार ऐसा होता कि स्वामीजी से कुछ लोग बड़े जटिल प्रश्न करते, लेकिन स्वामीजी उन प्रश्नों का इतना सटीक और संतुलित उत्तर देते कि सुननेवाले उनकी विद्वत्ता के कायल हो जाते।

एक बार की बात है—स्वामी विवेकानंद लोगों से घिरे बैठे थे। प्रश्न-उत्तर व गंभीर चर्चा का दौर चल रहा था। सहसा एक व्यक्ति के मन में आया कि स्वामीजी से ऐसा बेहूदा प्रश्न पूछा जाए कि वे उत्तर न दे पाएँ और उसमें उलझकर रह जाएँ। उसने खड़े होकर प्रश्न पूछने की अनुमति माँगी।

स्वामीजी ने सहमति दे दी। तब वह बोला, ''स्वामीजी यह बताइए कि संत कबीरदास ने दाढ़ी क्यों रखी थी?''

स्वामीजी उसका मंतव्य समझ गए। वे मुसकराकर बोले, ''भाई, अगर वे दाढ़ी नहीं रखते तो आप पूछते कि कबीरदासजी ने दाढ़ी क्यों नहीं रखी?''

यह जवाब सुनकर वह व्यक्ति लज्जित होकर चुपचाप वहाँ से चला गया। सार यह है कि ज्ञानी व्यक्ति से निरर्थक प्रश्न पूछकर उसका उपहास करने की कोशिश करनेवाला व्यक्ति स्वयं अपनी ही मूर्खता सिद्ध करता है। इसलिए ज्ञानियों का पर्याप्त आदर करते हुए उनसे सदा ज्ञान ग्रहण करने का प्रयास करना चाहिए।

सच्ची मित्रता

एक बार किसी जिज्ञासु ने एक संत से कहा, ''महाराज, हम दूसरों के साथ कितना ही प्रेमपूर्ण और सद्‌भाव भरा बरताव करें, लेकिन उसका समुचित प्रतिफल नहीं मिलता। दुनियादारी का अनुभव तो यह है कि ज्यादातर तो धोखा ही मिलता है, ऐसा क्यों?''

यह सुनकर संत ने दूध और पानी का एक प्रसंग सुनाते हुए कहा कि जो मेल-मिलाप दिखाई देता है, वह कोरा दिखावा हो, तभी दु:ख का कारण बनता है। अन्यथा हृदय और अहंकार मिल जाएँ तो कोई समस्या नहीं रहती। उन्होंने दूध और पानी के संवाद का प्रसंग सुनाया।

दूध ने पानी से कहा, ''बंधु, किसी मित्र के अभाव में मुझे सूना-सूना अनुभव होता है। आओ, तुम्हीं को हृदय से लगाकर मित्र बनाऊँ।''

पानी ने कहा, ''भाई, तुम्हारी बात तो मुझे बहुत अच्छी लगी, पर यह विश्वास कैसे हो कि अग्नि परीक्षा के समय भी तुम मेरे साथ रहोगे?''

दूध ने कहा, ''विश्वास रखो। ऐसा ही होगा।''

''और दोनों में मित्रता हो गई। ऐसी मित्रता कि दोनों के स्वरूप को अलग करना कठिन हो गया। अग्नि नित्य परीक्षा लेकर पानी को जला देती है, पर दूध है कि हर बार मित्र की रक्षा के लिए अपने अस्तिव की भी चिंता न करते हुए जलने को प्रस्तुत हो जाता है।

अपने पारिवारिक जीवन में दूध की तरह जो पारंपरिक विश्वास रखते हैं, उन्हीं का जीवन धन्य है। मित्र के लिए सहर्ष कष्ट सहना ही सच्ची मित्रता का द्योतक है।''

संस्कारों की प्रबलता

एक बार संत इब्राहिम भिक्षा माँगते हुए एक किसान के घर में पहुँचे। किसान ने उनसे कहा, ''आप जवान हैं, परिश्रमपूर्वक निर्वाह करें। बचे समय में साधना करें। सामर्थ्य का भिक्षा माँगना ठीक नहीं।''

संत इब्राहिम को बात जँच गई। उन्होंने इस सदुपदेशकर्ता का एहसान माना

और पूछा, "तो फिर इतनी कृपा और करें कि मुझे काम दिला दें, ताकि गुजारे के संबंध में निश्‍चिंत रहकर भजन करता रह सकूँ।"

किसान का आम का एक बगीचा था। उसने उसकी रखवाली का काम संत को सौंप दिया। साथ ही निर्वाह का प्रबंध कर दिया। कुछ दिन बाद आम की फसल के दिनों में किसान बगीचे में पहुँचा और संत इब्राहिम को मीठे आम तोड़कर लाने के लिए कहा। संत इब्राहिम ने बड़े और पके फल लाकर किसान के सामने रख दिए। किसान ने जब फल चखे तो वे सभी खट्टे थे। किसान ने नाराजगी का भाव दिखाते हुए कहा, "इतने दिन यहाँ रहते हो गए, तुमने यह नहीं देखा कि कौन से पेड़ खट्टे और कौन से मीठे फलों के हैं?"

किसान ने संत इब्राहिम से कहा, "आप पूरे समय भजन करें। निर्वाह मिलता रहेगा। रखवाला दूसरा रख लेंगे।"

संत इब्राहिम दूसरे दिन बड़े सवेरे उठकर अन्यत्र चले गए। वे वहाँ एक पत्र लिखकर रख गए। पत्र में लिखा था, "आपने आरंभ में कहा था, बिना परिश्रम के नहीं खाना चाहिए। आपकी उस अनुशासन भरी शिक्षा से ही मेरी श्रद्धा बढ़ी थी। अब तो आप ठीक उलटा उपदेश करने लगे। मुफ्त का खाने लगूँ, यह कैसे होगा?"

संस्कारों की प्रबलता सही मार्ग पर चलनेवाले को कभी विभ्रांत नहीं कर सकती।

स्वर्ग की प्राप्ति

एक प्रसिद्ध संत मृत्योपरांत स्वर्गलोक पहुँचे। वहाँ द्वार पर चित्रगुप्त अपने हिसाब की बहियाँ लेकर बैठे थे। संत के आते ही उन्होंने उनका नाम और पता पूछा। संत ने गर्व के साथ कहा, "क्या आप नहीं जानते कि मैं धरती का प्रसिद्ध संत हूँ।

इस पर चित्रगुप्त ने पूछा, "आपने जीवन में क्या किया?"

संत ने कहा, "मैं जीवन के आरंभिक आधे भाग में तो लोगों से प्रेम करता रहा और दुनियादारी के चक्कर में डूबा रहा। जीवन के अंतिम भाग में मैंने सबकुछ छोड़कर तपस्या की और पुण्यलाभ पाया।"

चित्रगुप्त बोले, "भाई, तुम्हारे पुण्य तो जीवन के प्रारंभिक भाग में ही हुए

हैं। पिछले भाग में तो कुछ भी नहीं है।''

यह सुनकर संत बोले, ''यह तो उलटी बात है, प्रारंभिक समय तो मैंने संसार से प्रेम करने में बिताया, सभी की सहायता की। लेकिन अंतिम समय में मैं एकांत में रहकर परमात्मा की आराधना करता रहा, तपस्या भी की।''

चित्रगुप्त ने कहा, ''धरती पर प्रेम, आत्मीयता और परहित में लगे रहना ही पुण्य है, पूजा है। उन्हीं के कारण तो तुम्हें स्वर्ग की प्राप्ति हुई है। समझे!''

संन्यासी का अहंकार

अपनी साधना और ज्ञान के अभिमान में डूबा एक संन्यासी नदी के किनारे पहुँचकर नाविक से बोला, ''मुझे उस पार जाना है। आप में से कोई श्रद्धालु हमें नदी पार कराकर पुण्य लाभ कमाए।''

संन्यासी को खड़ा देख एक वृद्ध मल्लाह वहाँ आया और बोला, ''महाराज, हम किसलिए हैं? आपकी सेवा के लिए ही तो हम यहाँ बैठे हैं।'' यह कहकर उसने एक नौजवान युवक को बुलाया और महात्माजी को उस पार पहुँचाने को कहा।

संन्यासी नाव में बैठ गए। नाव चल दी। नदी बाढ़ पर थी। थोड़ी ही देर में नाव लहरों के बीच नदी के प्रवाह में गति से बहने लगी। संन्यासी ने नौजवान मल्लाह से पूछा, ''कहो, तुम्हें कुछ वेदों का ज्ञान है? क्या तुमने धर्म शास्त्र पढ़े हैं? उपनिषद् का अध्ययन किया है?''

वह नौजवान बोला, ''महाराज, मैं कुछ नहीं जानता। मैंने कहीं भी पढ़ाई नहीं की।''

संन्यासी बोले, ''तब तो तेरा जीवन व्यर्थ है। तू तो निरा पशु है और पृथ्वी पर व्यर्थ का भार है।''

इतना सुनकर वह नौजवान चिंता में पड़ गया। तभी एकाएक नाव में पानी भरने लगा। नाविक ने संन्यासी से कहा, ''महाराज, क्या आपको तैरना आता है? नाव डूबनेवाली है। शीघ्रता से कूदें।'' इतना कहकर नाविक ने झट से नदी में छलांग लगा दी।

उधर संन्यासी सोचने लगा, ''काश मुझे तैरना आता तो मैं भी बच जाता।''

वह यह सोच ही रहा था कि एक झटके से नाव डूब गई और संन्यासी को भी ले डूबी।

किसी ने सच ही कहा है, "ज्ञान वही उपयोगी है, जो समय पर काम आए।"

विवेक दृष्टि

एक बार ईसा एक गाँव से गुजर रहे थे। तभी उन्होंने एक आदमी को एक वेश्या के पीछे भागते देखा तो उसे रोककर समझाने लगे। ईसा को उस आदमी का चेहरा जाना-पहचाना सा लगा। स्मृति पर जोर डालते ही पुरानी घटना याद आई। बोले, "अरे! तू तो वही है न, जिसे दो वर्ष पूर्व मैंने प्रभु से प्रार्थना कर नेत्रज्योति दिलाई थी?"

उस आदमी ने कहा, "आप सत्य कहते हैं।"

ईसा ने दुःखी होकर पूछा, "क्या मैंने तुम्हें दृष्टि इस घिनौने काम के लिए दिलवाई थी?"

वह आदमी कुछ देर चुप रहा, फिर दबी जुबान में बोला, "आपमें नेत्र-ज्योति दिलाने का सामर्थ्य था, यदि विवेक-दृष्टि पहले दिलाई होती तो कितना अच्छा होता।"

ईसा ने आज एक नया पाठ पढ़ा—लोगों को सुविधा दिलाने की अपेक्षा पहले उनको समझो।

आत्मा के दर्शन

एक दिन संत तुकाराम तैयार होकर अपनी साधना-भक्ति के लिए निकल रहे थे कि रास्ते में उन्होंने देखा कि कुछ गाँववाले एक भैंसे को रस्सियों से बाँधकर, बलपूर्वक घसीटते हुए उसकी बलि देने की तैयारी कर रहे हैं। यह कारुणिक दृश्य देखते ही संत तुकाराम का हृदय द्रवित हो उठा और वह दुःखी होकर चीत्कार कर उठे, "मुझे मत मारो, मुझे मत मारो। ईश्वर के लिए मुझे मत मारो।"

बलि चढ़ाने के लिए तत्पर सभी ग्रामीण संत की ऐसी वाणी सुनकर चौंक उठे, ''सोचने लगे, हम इन्हें कहाँ मार रहे हैं। हम तो धार्मिक कांड के लिए एक जानवर की बलि दे रहे हैं। यह सोचकर सबने उत्सुक होकर संत से इसका रहस्य जानना चाहा तो संत अश्रु भरे नेत्रों से बोले, ''मैं तो हर पेड़-पौधे, हर प्राणी में अपनी आत्मा के ही दर्शन करता हूँ। तुम इसे घसीट रहे हो तो मेरे हृदय में टीस उठ रही है। जब तुम इस मूक प्राणी पर वार करोगे तो क्या वह वार मुझ पर नहीं होगा। यही सोचकर मेरी आत्मा तड़प रही है।''

संत की ऐसी दशा देखकर ग्रामीणों ने भैंसे को मुक्त कर दिया और आगे भी कभी बलि न चढ़ाने का वचन दिया।

संत की शिक्षा

एक संत नदी के किनारे अपने शिष्य के साथ बैठकर वार्त्तालाप कर रहे थे। शिष्य अभी बहुत छोटा था और उसने गुरु से अच्छाई और बुराई के बारे में कुछ पूछा तो संत ने कहा, ''वत्स, तुम जानते हो, हमारे भीतर हमेशा एक युद्ध चलता रहता है। दो भेड़ियों के बीच चलनेवाले एक अंतहीन रक्तरंजित युद्ध की तरह हमारे भीतर क्लेश मचा रहता है। यूँ समझो कि पहला भेड़िया बुरा और वीभत्स है। वह क्रोध, शत्रुता, लोभ, निंदा, दुःख, पश्चात्ताप, हीनता, असत्य, अहंकार, स्वार्थ, दंभ, प्रमाद, हठ और मत्सर आदि से बना है।''

कुछ देर रुककर संत ने कहा, ''दूसरा भेड़िया अच्छा और सुंदर है। वह मित्रता, प्रसन्नता, शांति, प्रेम, आशा, मानवता, दया, दान, न्याय, सहानुभूति, सत्य, करुणा, नैतिकता और गहनता आदि से बना है। ऐसे ही दो भेड़ियों के बीच तुम्हारे भीतर भी द्वंद्व छिड़ा हुआ है और हर मनुष्य के भीतर भी।''

शिष्य ने बहुत तल्लीनता और चिंतनपूर्वक गुरु की बात सुनी। फिर उसने गुरु से पूछा, ''गुरुदेव, इनमें से कौन सा भेड़िया जीत जाता है?''

संत ने कहा, ''वह जिसे तुम भोजन और पोषण देते हो।''

इसके बाद एक ऐसा अवसर आया, जब शिष्य भिक्षाटन के लिए गाँव में निकला था। वहाँ वह जिस दरवाजे पर भी गया, खाली हाथ लौट पड़ा। एक जगह तो गृहस्वामी ने उसे बुरी तरह फटकार भी दिया। सुनकर शिष्य को गुस्सा आ

गया। वह कोई प्रतिकार करने ही वाला था कि उसे संत की शिक्षा याद आई। सोचने लगा, प्रतिक्रिया से तो दूसरे भेड़िए को प्रोत्साहन मिलेगा। उसने अपने मन को रोका और गाँववालों के प्रति सद्‌भाव व्यक्त कर अच्छाई को भोजन दिया।

कलश का जल

एक बार कुछ संत त्रिवेणी के काँवरों में गंगाजल लिये श्रीरामेश्वर की यात्रा कर रहे थे। रास्ते में उन्होंने देखा कि एक गधा रेतीले मैदान में पड़ा हुआ गरमी के मारे प्यासा तड़प रहा है। संतों को उस पर दया आ गई। लेकिन उपाय क्या था? आसपास दूर तक कोई जलाशय नहीं था, जहाँ से पानी लाकर उसे पिलाते। सिर पर सूरज तप रहा था और ऐसे में लंबे सफर में पानी की जरूरत सभी को पड़नेवाली थी। कमंडलों में जो गंगाजल था, वह रामेश्वर में भगवान् शंकर के अभिषेक के लिए था। कोई भक्त कैसे उसे इस्तेमाल होने दे सकता था। सभी संत इसी असमंजस में वहाँ खड़े थे।

एकाएक संत एकनाथ आगे बढ़े और अपने कलश का जल गधे को पिलाने लगे। किसी ने कहा, ''यह क्या? रामेश्वर के अभिषेक के लिए लाया जल आप गधे को···।''

एकनाथ बोले, ''कहाँ है गधा? रामेश्वर ही तो यहाँ मुझसे जल माँग रहे हैं। मैं उनका ही अभिषेक कर रहा हूँ।''

एकनाथ की इस श्रद्धा और मानवीय भाव को देखकर बाकी सभी संत दंग रह गए।

व्यर्थ का अहंकार

राजस्थान के एक राजा परम विरक्त संत स्वामी गोविंददासजी के परम भक्त थे। वह प्राय: उनके सत्संग के लिए जाया करते थे। संत राजा को प्रजा की सेवा करने, अपना व्यक्तिगत जीवन सात्त्विक बनाए रखने तथा भगवान् का हमेशा स्मरण करते रहने का उपदेश दिया करते थे।

राजा बातचीत के दौरान अपनी संपत्ति, धन-वैभव का बखान करते रहते थे। स्वामीजी को लगा कि धन-संपत्ति व नौकर-चाकरों की फौज का अभिमान राजा के कल्याण में बाधा बन रहा है। एक दिन राजा संतजी के पास पहुँचे। उन्होंने कहा, ''स्वामीजी, जब भी मैं भगवान् का ध्यान करने बैठता हूँ तो मन राजसी ठाट-बाट में पहुँच जाता है। मन को वश में रखने के लिए क्या करना चाहिए?''

संत ने कहा, ''राजन्, यह बताओ कि यदि तुम कभी जंगल में पहुँच जाओ और वहाँ आपको भीषण प्यास लगे और प्यास के कारण प्राण निकलने को हों, तभी कोई अचानक पानी लेकर आ जाए और कहे कि आधा प्याला पानी तब मिलेगा, जब आधा राज्य दोगे। तब तुम क्या करोगे?''

राजा बोला, ''प्राण बचाने के लिए पानी के बदले आधा राज्य दे दूँगा।''

तब संत ने कहा, ''राजन्, फिर क्यों व्यर्थ ही अपने राज्य का गर्व करते हो? सांसारिक वस्तुओं का अहंकार त्यागकर भगवान् का स्मरण करते रहो। इसी में तुम्हारा कल्याण है।''

संत की ऐसी बातें सुनकर राजा को राज्य की निस्सारता का एहसास हो गया।

ध्यान और योग की शक्ति

एक बार एक संत गंभीर रूप से बीमार पड़ गए। उन्हें अस्पताल ले जाया गया। डॉक्टरों ने उनकी हालत देख तुरंत ऑपरेशन करने की बात कही। जब सारी तैयारियाँ हो गईं तो डॉक्टरों ने संत को बेहोशी का इंजेक्शन लगाना चाहा, लेकिन संत ने मना कर दिया। बोले, ''जो भी करना हो मेरे होशोहवास में रहते करो।''

आखिरकार डॉक्टरों ने बिना बेहोश किए ही उनका ऑपरेशन करना शुरू किया। ऑपरेशन भी कोई साधारण नहीं था। उन्हें महात्मा की धमनियों तक पहुँचना था। डॉक्टर यह देखकर हैरान थे कि पूरे ऑपरेशन के दौरान संत के चेहरे पर पीड़ा की एक भी शिकन नहीं दिखाई दी।

ऑपरेशन के बाद डॉक्टरों ने जिज्ञासावश संत से पूछा, ''महाराज, आप कैसे इतनी पीड़ा सहन कर सके?''

संत बोले, ''मैं जीवनभर ध्यान और योग करता रहा हूँ। अब मैं उस अवस्था में पहुँच चुका हूँ, जब मैं ध्यान में जाकर खुद को अपने शरीर से अलग कर सकता

हूँ। आप मुझे बेहाश कर कुछ देर के लिए मेरे शरीर से ही अलग करते। यही काम मैंने अपने ध्यान से कर लिया।''

जीवन का आदर्श

एक दिन चैतन्य महाप्रभु अपने शिष्यों के बीच बैठे ईश्वर-भक्ति ज्ञान-ध्यान की बातें सुना रहे थे। एक शिष्य ने पूछा, ''स्वामीजी, दूसरों को दु:ख देनेवाले दुष्टों से भरे इस संसार में हम कैसे सुख और शांति का जीवन व्यतीत कर सकते हैं? उनके प्रति हमारा व्यवहार कैसा होना चाहिए?''

महाप्रभु शांत स्वर में बोले, ''आपको एक वृक्ष की भाँति रहना चाहिए। वृक्ष उन लोगों को भी छाया देता है, जो उसकी शाखाओं को काटते हैं। वह किसी से पानी नहीं माँगता, भले ही उसके बिना मुरझाता जा रहा हो। वर्षा, आँधी और सूर्य की झुलसानेवाली किरणों को भी सहन करता है। इसलिए तुम धीरज और शांति से वृक्षों की तरह ही दूसरों की सेवा करो।''

अपना-अपना स्वभाव

एक बार एक संत अपने आश्रम के समीप की नदी में अपने शिष्यों के साथ स्नान कर रहे थे। तभी संत के मुँह से एक चीख निकली। घबराए शिष्यों ने देखा कि एक बिच्छू नदी के पानी में बह रहा था और संत उसी के डंक से तिलमिला उठे थे। पर यह क्या, संत ने बिच्छू को अपनी हथेली पर उठा लिया। बिच्छू ने फिर डंक मारा, संत का हाथ काँपा और बिच्छू नदी के बहते पानी में जा गिरा। हिम्मत करके संत ने दोबारा बिच्छू को उठा लिया। अबकी बार भी वही डंक और बिच्छू पानी में।

इस बार जब संत बिच्छू को उठाने के लिए बढ़े तो शिष्यों ने उन्हें रोका। शिष्य बोले, ''गुरुदेव, यह आप क्या कर रहे हैं? यह बिच्छू आपको बार-बार डंक मार रहा है, और आप हैं कि इसकी जान बचाने के लिए हर बार उसके डंक की पीड़ा सह रहे हैं।''

संत ने उन्हें समझाते हुए कहा, ''देखो, यह बिच्छू है और डंक मारना इसका

कुदरती स्वभाव है। मैं एक संत हूँ और जीवों का कल्याण चाहना मेरा स्वभाव होना चाहिए। इसलिए जब यह बिच्छू अपना स्वभाव नहीं बदल सकता, तब मैं तो एक मानव हूँ और संत होने का अपना स्वभाव कैसे छोड़ सकता हूँ।''

अनमोल हीरा

एक बार एक भक्त किसी संत के सत्संग के लिए पहुँचा। उसने एक मूल्यवान हीरा संत के चरणों में भेंट किया। स्वामीजी ने कहा, ''श्याम-सुंदर की इच्छा है, यह हीरा यमुनाजी में भेंट कर आओ।''

भक्त ने ऐसा ही किया। संत ने जान लिया कि अनमोल हीरा जल में प्रवाहित करने से उसका हृदय द्रवित हुआ है। सायंकाल संत उस भक्त को साथ लेकर जंगल भ्रमण के लिए गए। उन्होंने एक स्थान पर रुककर सघन वृक्षावली की ओर संकेत करते हुए भक्त से कहा, ''सामने ध्यान से देखो।''

भक्त ने जैसे ही निगाह दौड़ाई, उसे असंख्य प्रकाशवान हीरे दिखाई पड़े। तब स्वामीजी ने कहा, ''इनमें से जितने हीरे उठाना चाहो, उठा लो।''

यह सुनते ही उस भक्त का धन-संपत्ति के प्रति मोह काफूर हो गया। वह समझ गया कि यदि इन कीमती हीरों का महत्त्व होता तो स्वामीजी इन्हें झाड़ी में क्यों फिंकवा देते।

स्वामीजी ने उसे समझाते हुए कहा, ''भैया, भगवद्प्रेम से बढ़कर संसार में दूसरा कोई कीमती तत्त्व नहीं है। मेरे पास अनुपम, अलौकिक नीलमणि भगवान् श्री बाँकेबिहारी की छवि है। इस छवि के दर्शन के लिए लौकिक पदार्थों का मोह त्यागना पड़ता है।''

भक्त उसी समय मोह त्यागकर उनका शिष्य बन गया।

राजा और रंक में भेद

एक बार एक राजा किसी महात्मा की कुटिया पर गया और महात्मा को प्रणाम कर बोला, ''महात्मन्, मैं इस देश का राजा हूँ। मैं आपके पास यह जानने के

लिए आया हूँ कि जीव और ईश्वर में कुछ भेद हैं या दोनों अभिन्न हैं?''

महात्मा ने पूछा, ''राजन्, पहले आप यह बताइए कि आपकी तुलना में, इस समय मैं क्या दिखाई दे रहा हूँ?''

राजा बोला, ''आप तो फक्कड़ महात्मा हैं। आपके तन पर तो कटिवस्त्र और फटी-पुरानी चादर है। मैं राजसी वेश में हूँ।''

तब महात्मा ने कहा, ''राजन्, आप अपनी पोशाक और मुकुट-आभूषण आदि मुझे देने की कृपा करेंगे?''

''हाँ, क्यों नहीं महात्मन्।'' यह कहकर राजा ने अपने वस्त्राभूषण उतारकर महात्मा को दे दिए।

फिर महात्मा ने भी अपने वस्त्र उतारकर राजा को देते हुए कहा, ''राजन्, आप इन्हें पहनिए।'' यह कहकर महात्मा ने अपने वस्त्र राजा को पहनने के लिए दे दिए और खुद राजा के वस्त्राभूषण पहन लिये। फिर उन्होंने पूछा, ''राजन, बताइए अब क्या अंतर है हम दोनों में?''

राजा बोला, ''आप साक्षात् राजा हैं और मैं फक्कड़ महात्मा।''

अब महात्मा ने समझाया, ''राजन्, इसका अर्थ यह हुआ कि जब आप राजसी वेश में थे तो मैं आपके सामने दीन-हीन फक्कड़ महात्मा था। अब आपकी वेशभूषा धारण करने से मैं राजा हूँ और आप दीन-हीन फक्कड़ महात्मा हैं।''

राजा बोला, ''हाँ, यह तो सच है।''

बस फिर क्या था। महात्मा ने आदेश दिया, ''राजन्, आप यह फटी-पुरानी चादर उतार दीजिए और यह लँगोट पहन लीजिए, मैं भी इस राजसी वेशभूषा की जगह लँगोट बाँध लेता हूँ।''

फिर दोनों लँगोटधारी हो गए। तब महात्मा ने पूछा, ''राजन्, अब हम दोनों में क्या अंतर है? जरा यह तो बताइए कि कौन राजा है और कौन दीन-हीन रंक महात्मा?''

यह सुनकर राजा सोच में पड़ गया और बोला, ''महात्मन, अब तो न कोई राजा है, न कोई रंक। अब तो हममें कोई भेद है ही नहीं।''

तब महात्मा ने कहा, ''तो बस यही है तत्त्व की बात।''

राजा महात्मा के चरणों में झुक गया।

मंत्र साधना

एक बार एक पहुँचे हुए संत के पास एक व्यक्ति आकर बोला, "महाराज, मैंने सुना है कि आपके पास वशीकरण मंत्र है। मैं उस मंत्र की साधना करना चाहता हूँ।"

संत ने जिज्ञासा प्रकट की, "वत्स, मंत्र की साधना कर तुम क्या करोगे?"

साधना के इच्छुक व्यक्ति ने कहा, "महाराज, मैं इस संसार को वश में करना चाहता हूँ।"

संत ने फिर पूछा, "फिलहाल तुम्हारा परिवार तुम्हारे वश में है या नहीं?"

वह व्यक्ति बोला, "परिवार के लोग तो मेरी आज्ञा नहीं मानते, कभी-कभी मान भी लेते हैं।"

संत ने फिर पूछा, "तुम्हारे पुत्रों की पत्नी पर तुम्हारा अनुशासन है या नहीं?"

वह व्यक्ति सकुचाते हुए बोला, "आज के जमाने में अनुशासन कौन मानता है?"

संत ने अंतिम सवाल पूछा, "अपने आप पर तुम्हारा नियंत्रण है या नहीं।"

व्यक्ति बोला, "यह भी नहीं है। इसीलिए मैं आपके पास मंत्र सीखने आया हूँ।"

संत ने कहा, "ऐसे व्यक्ति के लिए तो मेरे पास कोई मंत्र नहीं है। पहले तुम्हें अपने पर नियंत्रण करना होगा, तभी तुम वशीकरणवाला मंत्र सीख सकोगे। वह तुम्हें अपने आप ही सीखना होगा। मंत्रसाधना की पहली शर्त ही है, स्व-प्रबंधन, आत्मनियंत्रण। वशीकरण मंत्र वही व्यक्ति सिद्ध कर सकता है, जिसका आपा उसके अपने वश में हो।"

वातावरण का असर

एक राजा ने एक महात्मा से प्रार्थना की कि वह उनके महल में चलकर रहें। महात्मा ने कहा, "नहीं राजन्, मुझे वहाँ दुर्गंध आती है।"

यह सुनकर राजा ने चकित होकर कहा, "राजमहल में तो गुलाब, केवड़ा आदि का इत्र छिड़का जाता है। वहाँ बदबू कहाँ से अएगी?"

महात्मा राजा को चमड़ा बनानेवाले इलाके में ले आए। वहाँ कहीं चमड़ा

तैयार किया जा रहा था, कहीं सुखाया जा रहा था। राजा का दुर्गंध के मारे दम घुटने लगा। तब महात्मा ने हँसते हुए कहा, "देखिए, यहाँ कितने स्त्री-पुरुष अपना काम कर रहे हैं। फिर आपको ही यह क्यों परेशान कर रही है? चमड़ा बनाते-बनाते इनकी नाक ही ऐसी हो गई है कि इन्हें दुर्गंध का अनुभव नहीं होता। बस यही बात राजमहल की भी है।"

रात-दिन विलासिता, चकाचौंध, कोलाहल और अशांति से आपका मन नहीं घबराता। जबकि हम इनसे दूर होने के लिए छटपटाते और व्याकुल हो जाते हैं। जिस प्रकार आपका इस बस्ती में मन ऊब गया, वैसा ही मेरा मन आपके महल से उचट जाएगा। इसलिए मैं वहाँ नहीं जाना चाहता।"

महात्मा की बात राजा की समझ में आ गई।

सच्चा ज्ञान

एक बार संत रामानुजाचार्य अपने शिष्यों के साथ कहीं जा रहे थे। तभी सामने से उन्हें एक अत्यंत सुंदर स्त्री आती हुई दिखाई दी। शिष्यों ने उस स्त्री से परे हट जाने को कहा। तब वह स्त्री बोली, "ये समस्त भूमि ही भगवान् की है। सारी पृथ्वी पर परमपिता परमात्मा का मंदिर है। अब तुम्हीं बताओ ज्ञानी पुरुषो, मैं हटकर कहाँ, किस जगह जाऊँ?"

संत रामानुजाचार्य ने जब उस स्त्री के शब्द सुने तो उनके नेत्र खुले-के-खुले रह गए। वे विस्फारित नेत्रों से अपलक उसे निहारते रहे। उन्होंने उससे कहा, "बहिन, मैं यद्यपि संन्यासी हूँ। मैंने ग्रंथों का गहन अध्ययन भी किया है, लेकिन मिथ्याभिमान के कारण मैं अपना विवेक खो चुका था। मैंने जिन वैष्णव चिह्नों को धारण कर रखा है, वास्तव में, वे तो आपके ही शरीर पर अधिक शोभा पाने योग्य हैं। आज मैंने समझा—छोटे-बड़े, धनी-निर्धन, ऊँच-नीच सभी समान हैं। आपने मेरे हृदय के बंद कपाट खोल दिए हैं।" यह कहकर स्वामी रामानुजाचार्य उस स्त्री को मस्तक नवाकर आगे बढ़ गए।

सच है, हम सभी ईश्वर की संतानें हैं। सभी समान हैं—यही सच्चा ज्ञान है, जिसका हमें साक्षात्कार करना है।

धर्म का उपदेश

चीन के सुविख्यात दार्शनिक संत ताओ बू चिन जगह-जगह पहुँचकर प्रेम और सेवा का उपदेश दिया करते थे। वह अपने भक्तों से कहा करते थे कि धर्म का सार प्रेम और सेवा है। धर्म के नाम पर कर्मकांड व पाखंड फैलाना जीवन को निरर्थक करना है।

एक बार चुंग शिन नामक युवक उनकी ख्याति सुनकर उनके पास पहुँचा। उसने संत से कहा, ''मैं अशांत रहता हूँ। मुझे धर्म का उपदेश दें और समझाएँ कि किस तरह शांति मिलेगी। मुझे यह बताएँ कि धर्मानुसार चलकर जीवन किस तरह सार्थक बनाया जाए।''

संत ताओ बू चिन ने उससे कहा, ''मेरे कुछ शिष्य आश्रम छोड़कर अन्यत्र चले गए हैं। तुम कुछ दिन यहाँ रहकर उनकी जगह काम करो।'' यह कहकर संत ने उसे पास ही झोंपड़पट्टी में रहनेवाले बीमार लोगों और दरिद्रों की सेवा करने के लिए कहा। वह युवक प्रतिदिन रोगियों को नहलाता, उन्हें दवा और भोजन देता। महीनों तक वह उनकी सेवा में लगा रहा। उसे अनुभूति हुई कि सेवा करने से तो अत्यंत शांति मिलती है।

कई महीनों बाद चुंग शिव ने संत से कहा, ''मैंने आपके आदेशानुसार दीन-दु:खियों की प्रतिदिन सेवा की। अब काफी समय बीत गया है। अब तो मुझे धर्म का उपदेश देने की कृपा करें।''

संत ने कहा, ''वत्स, तूने तो सेवा-परोपकार को जीवन में उतारकर अपना जीवन स्वयं धर्ममय बना लिया है। मैं तुम जैसे धर्मात्मा को धर्म की क्या शिक्षा दे सकता हूँ?''

युवक समझ गया कि दीन-दरिद्रों की सेवा ही साक्षात् भगवान् की सेवा और पूजा है।

अज्ञान और अंधकार

एक बार स्वामी रामतीर्थ हिमालय क्षेत्र में साधना करने पहुँचे। उन्होंने देखा कि एक गुफा के पास सैंकड़ों लोग बैठे हैं। स्वामीजी ने एक साधु से पूछा, ''ये क्या कर रहे हो?''

साधु ने बताया, ''इस गुफा के बारे में प्रसिद्ध है कि इसमें एक प्रेत रहता है, जो कोई इसमें प्रवेश करता है, वह उसे खा जाता है। इसलिए लोग पूजा-पाठ कर रहे हैं, ताकि प्रेत भाग जाए।''

स्वामीजी बोले, ''प्रेत इस तरह नहीं भागेगा। तुम गुफा में आग जलाओ।''

स्वामीजी के कहने पर लकड़ी इकट्ठी करके गुफा में आग जलाई गई। मशालें जलाकर ढोल-नगाड़े बजाते हुए लोग गुफा में घुसे। सबने देखा कि भेड़िए, बाघ आदि हिंसक पशु गुफा छोड़कर भाग गए।

तब स्वामीजी ने कहा, ''अज्ञान और अंधकार तो स्वयं प्रेत हैं। इस गुफा के अंदर दीपक जलाया करो।''

उसके बाद वह गुफा साधना का केंद्र बन गई।

समस्या का समाधान

एक ज्ञानी संत थे। लोग प्राय: उनके पास अपनी समस्याएँ व जिज्ञासाएँ लेकर आते, जिनका संत यथासंभव संतोषजनक समाधान कर देते। एक दिन वे एक गाँव में प्रवचन दे रहे थे। उस गाँव का एक युवक अत्यधिक जिज्ञासु था। उसके मन में भाँति-भाँति के प्रश्न उठते थे, जिनका समुचित उत्तर उसे आज तक किसी से प्राप्त नहीं हुआ था। उसने सोचा कि शायद यह संत उसके प्रश्नों का उत्तर दे पाएँगे।

वह संत के पास गया और प्रणाम निवेदित कर अपनी जिज्ञासा व्यक्त करने की अनुमति माँगी। संत की आज्ञा पाकर वह बोला, ''महाराज, मेरे मन में प्राय: यह विचार आता है कि यदि कभी ऐसी स्थिति आ जाए कि मुझे ईश्वर से कुछ माँगना पड़ जाए तो मैं उनसे क्या माँगूँ?''

संत बोले, ''वत्स, तुम परमार्थ का धन माँगना।''

युवक संतुष्ट नहीं हुआ और उसने दोबारा पूछा, ''यदि कुछ और माँगना हो तो?''

संत ने कहा, ''तो तुम पसीने की कमाई माँगना।''

युवक को फिर भी संतोष नहीं हुआ। उसने पूछा, ''यदि तीसरी चीज माँगनी हो तो?''

संत ने कहा, "तो तुम उदारता माँग लेना।"

युवक की जिज्ञासा बनी रही। अतः वह बोला, "पाँचवीं चीज क्या माँगी जा सकती है?"

संत ने कहा, "तुम अच्छा स्वभाव माँग लेना। यदि ये पाँच चीजें तुम्हें मिल गईं तो तुम्हारे पास माँगने को कुछ नहीं रहेगा।"

संत की यह बात सुनकर युवक संतुष्ट हो गया।

स्वर्ण और मिट्टी

महाराष्ट्र के पंढरपुर में रांकाजी नाम के एक संत अपनी पत्नी के साथ रहते थे। दोनों शांत व त्यागी स्वभाव के थे। एक बार दोनों जंगल में लकड़ियाँ काटने जा रहे थे। संत रांकाजी को ठोकर लगी। स्वर्ण मुद्राओं से भरा कलश देख उन्होंने सोचा कि कहीं उनकी पत्नी की नजर उसपर न पड़ जाए और उसके मन में लालच न समा जाए। वह उस कलश को मिट्टी से ढकने लगे।

पत्नी भी उनके पीछे चली आ रही थी। यह देख उसने पूछा, "स्वामी, यह क्या कर रहे हैं आप?"

रांकाजी बोले, 'रास्ते में स्वर्ण-मुद्राओं से भरा यह कलश पड़ा है, हमारे किसी काम का नहीं है। मैंने सोचा कहीं तुम्हारे मन में लालच न समा जाए और वर्षों की साधना इसके कारण भंग न हो जाए। यह सोचकर, मैं इसे मिट्टी से ढक रहा था।"

पत्नी बोली, "स्वामी हमारे लिए यह कलश मिट्टी के समान है। फिर मिट्टी से ढकने की आवश्यकता क्या है?"

पत्नी की बात सुनकर संत रांका को बोध हुआ और सोचने लगे—मैं तो इतने वर्ष साधना करने के बाद भी स्वर्ण और मिट्टी का अंतर नहीं समझ पाया। लेकिन वैराग्य के मार्ग पर तो यह मुझसे आगे निकल गई है।

संगति का असर

एक महात्मा अपने शिष्यों के साथ कहीं जा रहे थे। रास्ते में वे अपने शिष्यों को सत्संग की महिमा समझा रहे थे। उन्हें लग रहा था कि शिष्य उनकी बात सुन रहे हैं, पर शायद समझ नहीं रहे हैं। तभी रास्ते में महात्मा को एक गुलाब का पौधा दिखाई दिया। उन्होंने उस पौधे के नीचे से मिट्टी का ढेला उठाकर शिष्य को देते हुए कहा, ''वत्स, इसे सूँघो।''

शिष्य ने मिट्टी सूँघकर कहा, ''गुरुदेव, मिट्टी के ढेले से गुलाब की सुगंध कैसे आई?''

महात्मा ने पूछा, ''अरे यह तो मिट्टी का ढेला है, इसमें से गुलाब की खुशबू कैसे आई?''

शिष्य ने तुरंत जवाब दिया, ''गुलाब के फूल झरकर इसी मिट्टी में गिरते हैं। इसी कारण गुलाब का सुवास इसने भी ग्रहण कर लिया है।''

तब महात्मा गंभीर स्वर में बोले, ''जिस तरह गुलाब की संगति में रहने से निर्जीव मिट्टी भी सुवासित हो गई है, उसी प्रकार मनुष्य पर भी अच्छी और बुरी संगत के गुण-दोष आना स्वाभाविक ही है।''

पापी से नहीं, पाप से घृणा करो

एक बार ईसामसीह ने एक वेश्या का भोजन-निमंत्रण स्वीकार किया और उसके घर चल पड़े। उनके शिष्य भी साथ थे। चारों ओर कानाफूसी होने लगी। यह कैसा भगवान् का बेटा है, जो एक पापिन के घर बेझिझक चला जा रहा है। शिष्यों में धनाढ्य और मुखर सिमोन से रहा नहीं गया। उसने पूछ ही लिया, ''उद्धार करना है तो सज्जन ही क्या कम हैं, जो आप दुर्जनों के घर जाते हैं और बदनामी सहते हैं।''

ईसा ने पलटकर पूछा, ''सिमोन, यदि तुम चिकित्सक होते तो जुकाम पीड़ित या किसी हथियार से घायल व्यक्ति में किसे प्राथमिकता देते?''

सिमोन ने कहा, ''मैं पहले घायल व्यक्ति का इलाज करता।''

इसपर ईसा बोले, ''इसी तरह मैं अधिक पापी को कम पापी से पहले सुधारना

चाहता हूँ। हमें पापी से नहीं, पाप से घृणा करनी चाहिए। हम ही यदि पापी लोगों को गले नहीं लगाएँगे तो उन्हें सुधरने का मौका कहाँ से मिलेगा।''

सभी शिष्यों को यह बात समझ में आ गई। वे उत्साहपूर्वक वेश्या के घर भोजन करने चल पड़े।

समर्पण

स्वामी विवेकानंद के गुरु थे रामकृष्ण परमहंस। एक दिन रामकृष्ण परमहंस स्वामीजी से बोले, ''विवेकानंद, जाओ आज तुम माता को भोग लगा आओ।''

स्वामीजी एक दोने में फल-फूल भरकर ले जाने लगे तो विचार उभरा कि फलों को तो किसी पक्षी ने चोंच मारी होगी, फूलों पर मधुमक्खियाँ और तितलियाँ घूम रही होंगी। सो, सारे फल-फूल तो जूठे हो गए। फिर मन-ही-मन सोचने लगे, ''क्या मैं अशुद्ध चीजें ले जाऊँ, माता के भोग के लिए? और वह फल-फूल भरा दोना वहीं छोड़कर स्वयं माता के दरबार में पहुँच गए और कहने लगे, ''माँ, मैं फल-फूल इसलिए नहीं लाया कि वे अशुद्ध हो गए थे। मेरे पास मेरा ही मन शुद्ध है। वही मैं समर्पित करता हूँ।''

जिसने स्वयं को ईश्वर के प्रति समर्पित कर दिया, वही चिंतामुक्त संन्यासी बन सकता है। आस्था, श्रद्धा और विश्वास समर्पण से ही आते हैं।

प्रेम के बीज

एक बार संत रामानुज के पास एक युवक आया और बोला, ''महाराज मैं आपके चरणों में दीक्षित होना चाहता हूँ। कृपया मुझे अपना शिष्य बना लीजिए।''

यह सुनकर संत ने प्रश्न किया, ''तुम्हारा किसी से प्रेम है?''

युवक बोला, ''नहीं महाराज।''

संत ने पुनः पूछा, ''क्या तुम्हारा अपने घर के किसी सदस्य से भी कोई लगाव है?''

युवक बोला, "नहीं महाराज, मैं तो सबकुछ छोड़कर आपकी शरण में आया हूँ।"

यह सुनकर संत मुसकराते हुए बोले, "तब तो हमारी-तुम्हारी नहीं बनेगी। मैं तुम्हें कोई शिक्षा दे ही नहीं पाऊँगा?"

युवक ने आश्चर्य से पूछा, "क्यों महाराज?"

संत रामानुज बोले, "अगर तुम्हारा किसी से लगाव होता या तुम्हें किसी से थोड़ा भी प्रेम होता तो मैं उस प्रेम को एक विराट् स्वरूप दे सकता था। प्रेम का बीज होना चाहिए। मैं उस बीज को वृक्ष में बदल सकता था। लेकिन तुम्हारे भीतर तो बीज ही नहीं है और बगैर बीज के वृक्ष उगाने की क्षमता मुझमें नहीं है।"

युवक संत रामानुज का आशय समझ गया। उसने उन्हें प्रणाम कर कहा, "महाराज, आपने मेरी आँखें खोल दी हैं। मैं अपने घर जा रहा हूँ। अपने लोगों से स्नेह किए बगैर परमतत्त्व के प्रति भी प्रेम नहीं हो सकता।"

भूल का एहसास

संत ज्ञानेश्वर नदी किनारे जा रहे थे। समीप ही एक लड़का स्नान कर रहा था। एकाएक लड़के का पैर फिसल गया और वह तेज बहाव में बहता हुआ सहायता के लिए चिल्लाया, लेकिन किनारे पर बैठे महात्मा अपने जप में लगे रहे। एक बार डूबते बालक को देख लिया और फिर आँखें बंद कर लीं।

संत ज्ञानेश्वर बिना विलंब किए नदी में कूद पड़े और डूबते बालक को बाहर खींच लाए। फिर उन्होंने किनारे पर जप कर रहे महात्मा से पूछा, "महात्मन्, आप क्या कर रहे हैं?"

महात्मा ने कहा, "दिखाई नहीं देता, जप कर रहा हूँ।" यह कहकर उसने पुनः आँखें बंद कर लीं।

संत ने पुनः पूछा, "क्या तुम्हें ईश्वर के दर्शन हुए?"

महात्मा बोला, "नहीं, मन स्थिर नहीं हो रहा।"

संत ज्ञानेश्वर ने कहा, "तो उठो, पहले दीन-दुखियों की सेवा करो, उनके कष्ट में हिस्सा बँटाओ, अन्यथा उपासना का कोई विशेष लाभ नहीं मिलेगा।"

यह सुनकर महात्मा को अपनी भूल मालूम हुई कि सच्चा जप तो वह था कि

डूबते हुए बच्चे को बचाया जाता। उस दिन से वह उपासना के साथ-साथ दीन-दुखियों की सेवा में लग गए।

महान् व्यक्ति

एक बार चीन के महान् दार्शनिक कन्फ्यूशियस से मिलने वहाँ का सम्राट् जा पहुँचा और बोला, ''महाशय, मुझे महान् व्यक्ति के दर्शन कराएँ।''

कन्फ्यूशियस ने सहज भाव से कहा, ''वह तो आप स्वयं हैं, क्योंकि सत्य को जानने की इच्छा रखते हैं।''

राजा ने फिर कहा, ''नहीं, मुझे ऐसे व्यक्ति से मिलाएँ, जो मुझसे भी महान् हो।''

कन्फ्यूशियस ने कहा, ''तब मुझसे ही मिलिए, क्योंकि मैं सत्य में आस्था रखता हूँ और आप जैसा महान् व्यक्ति भी मुझसे मार्गदर्शन चाह रहा है।''

यह सुनकर राजा बोला, ''नहीं, मुझे हम दोनों से ज्यादा महान् व्यक्ति के दर्शन कराएँ।''

कन्फ्यूशियस राजा को अपने साथ एक गाँव में ले गया। वहाँ उन्होंने एक वृद्ध को कुआँ खोदते देखा, वे उसके पास जाकर रुक गए और राजा से बोले, ''राजन्, सबसे महान् व्यक्ति यही है। यह व्यक्ति वृद्ध हो चुका है। परिश्रम करने की शक्ति नहीं बची है। फिर भी इसने हार नहीं मानी है। उम्र भी ज्यादा नहीं बची है। तब इसे कुआँ खोदने से क्या लाभ हो सकता है? फिर भी परोपकारवश कुआँ खोदने में तल्लीन है। इससे महान् और कौन हो सकता है!''

गुणों को जीवन में उतारो

एक जिज्ञासु किसी महात्मा के पास गया और उपदेश सुनाने की प्रार्थना की। महात्मा ने कहा, ''मेरा उपदेश यह है कि कभी किसी से उपदेश मत माँगो।''

यह सुनकर वह व्यक्ति असमंजस में पड़ गया। महात्मा ने पुनः प्रश्न किया, ''बताओ, सच बोलना अच्छा है या बुरा?''

जिज्ञासु बोला, "अच्छा है महाराज!"

महात्मा ने अगला प्रश्न किया, "चोरी करना ठीक है या गलत?"

जिज्ञासु ने उत्तर दिया, "गलत।"

महात्मा ने पुनः प्रश्न किया, "समय का सदुपयोग करना चाहिए अथवा नहीं?"

जिज्ञासु का उत्तर था, "करना चाहिए।"

जब महात्मा ने कहा, "तुम सब जानते हो। अब और क्या उपदेश सुनना चाहते हो? तुम्हें गुणों का ज्ञान है। लेकिन मात्र ज्ञान से काम नहीं चलता। गुणों को जीवन में उतारो। उन पर अमल करो। इसी में तुम्हारी भलाई है। उपदेश सुनने में नहीं।"

ज्ञान का अभिलाषी

भगवान् बुद्ध मृत्यु शैया पर पड़े थे। उनकी जीवन-ज्योति के अस्त होने में कुछ ही विलंब था। जब सुभद्र नामक साधु ने यह समाचार सुना तो वह अपनी धर्म संबंधी कुछ शंकाओं का निवारण करने के उद्देश्य से उनकी सेवा में उपस्थित हुआ। लेकिन आनंद ने जो कुटी के द्वार पर स्थिर था, उसे भीतर जाने से रोका और कहा, "भगवान् को इस समय कष्ट देना उचित न होगा।"

लेकिन सुभद्र बराबर आग्रह करता रहा कि उसे भगवान् के दर्शन करने दिए जाएँ। बुद्ध ने भीतर पड़े हुए इस चर्चा को अस्पष्ट रूप से सुना और वहीं से कहा, "आनंद सुभद्र को भीतर आने दो। वह ज्ञान प्राप्ति की इच्छा से आया है, मुझे कष्ट देने नहीं आया है।"

सुभद्र ने जैसे ही भीतर जाकर करुणा की उस शांत मूर्ति को देखा, वैसे ही बुद्ध के उपदेश उसके हृदय में प्रविष्ट हो गए और वह प्रव्रज्या लेकर बौद्ध भिक्षु बन गया। बुद्ध भगवान् ने शरीरांत होते हुए भी किसी ज्ञान के अभिलाषी को निराश नहीं किया।

अपनी भूल को सुधारो

सूफी संत इब्राहिम कहीं जा रहे थे। एक लंबा काफिला उनके साथ चल रहा था। इस काफिले में कई असंत भी थे। थोड़ी देर में संत इब्राहिम के कुछ विरोधी उनके ठीक पीछे-पीछे चलने लगे। उनमें से एक आगे जाकर एक वृक्ष पर चढ़ गया। जब संत इब्राहिम उस पेड़ के नीचे से गुजरे तो उसने ऊपर से उनके सिर पर थूक दिया।

यह देख संत की सुरक्षा में लगे लोग तमतमा उठे। वे थूकनेवाले को पकड़ने और मारने के लिए दौड़े। संत इब्राहिम ने उन्हें रोक दिया और समझाया, "उसे पकड़ने का प्रयास व्यर्थ है। उसने जो भूल की है, उसे छोटे से रूमाल से साफ किया जा सकता है। लेकिन उसे मारकर तुम लोग जो भूल करोगे, उसे कैसे साफ किया जाएगा? ऐसा कोई रूमाल नहीं, जो उस भूल को साफ कर सके।"

परमात्मा का साथ

एक बार एक संत जंगल से गुजर रहे थे। एक शिष्य उनके साथ में था। संध्या के समय संत एक पेड़ के नीचे ध्यान लगाकर बैठ गए। शिष्य ने देखा कि सामने से एक शेर उनकी तरफ ही आ रहा है। वह डर के मारे एक पेड़ पर चढ़ गया। शेर आया, संत को सूँघा और वापस चला गया।

कुछ देर बाद संत का ध्यान पूरा हुआ तो वे आगे चल दिए। शिष्य भी साथ में था। थोड़ी दूर चलने के बाद सहसा एक मच्छर ने संत को काट लिया तो उनके मुँह से 'हाय' निकल गई। शिष्य ने विस्मित होकर पूछा, "गुरुदेव, जब शेर आया और आपका शरीर सूँघा उस समय तो आप नहीं घबराए, लेकिन अब एक छोटे से मच्छर के काटने पर आप आह भर रहे हैं। ऐसा क्यों?"

संत ने बड़े सहज भाव से कहा, "वत्स, उस समय मेरे साथ परमात्मा था और उसके सान्निध्य में डर किस बात का, लेकिन इस समय मेरे साथ तू है। इसलिए 'हाय' निकल गई।"

सोना तो सोना है

एक महात्मा अपने शिष्यों को धर्म प्रचार-प्रसार हेतु जगह-जगह भेजने के लिए तैयार कर रहे थे। उन्होंने अपने एक शिष्य को बुलाकर कहा, ''मैं तुम्हें नगर के नृत्यालय में भेजना चाहता हूँ, क्योंकि वहाँ धर्म की अत्यधिक आवश्यकता है। वह जगह बदनाम है। बोलो, क्या तुम वहाँ प्रसन्नतापूर्वक जाओगे?''

वह शिष्य बोला, ''गुरुदेव मैं अवश्य वहाँ जाऊँगा और बिना किसी राग-विराग के अपना कार्य पूर्ण करूँगा।''

तभी एक अन्य शिष्य ने कहा, ''लेकिन वह स्थान तो बदनाम स्त्रियों से भरा पड़ा है। वहाँ जाकर कोई कैसे उनके रूपजाल और स्पर्श-सुख से बच सकता है? यह भी वहाँ जाकर विषय-भोगों में रत हो गया तो?''

यह सुनकर स्वामीजी मुसकराए। फिर बोले, ''लोहा यदि पारस पत्थर से छू जाए तो वह सोना बन जाता है। फिर उसे चाहे कीचड़ में फेंको अथवा अग्नि को समर्पित करो, उसका मूल्य और प्रवृत्ति नहीं बदलती। उसी प्रकार, जिसने एक बार ईश्वर का होकर, ईश्वरत्व को पा गया हो, उसे संसार की कोई भी मलिनता मैला नहीं कर सकती, चाहे वह अनाचारियों के बीच रहे या व्यभिचारियों के साथ रहे।''

हिंसा का मार्ग त्यागो

एक बार महात्मा बुद्ध अपनी शिष्य-मंडली के साथ श्रावस्ती में ठहरे हुए थे। वे नित्य प्रवचन करते और श्रावस्ती के लोग उन्हें सुनने उमड़ पड़ते। बुद्ध सुननेवाले के हृदय में उतरकर उसे भीतर बाहर से बदलने के लिए विवश कर देते थे। बुद्ध के प्रवचनों ने अनेक व्यक्तियों का दु:खमय जीवन सुखमय कर दिया था। श्रावस्ती का बच्चा-बच्चा महात्मा बुद्ध से प्रभावित था।

एक दिन कुछ लोगों ने बुद्ध को बताया कि जंगल के मार्ग में एक डाकू रहता है, जो राहगीरों को लूटकर उनकी हत्या कर देता है। उसके कारण आवागमन बहुत मुश्किल हो गया है। बुद्ध ने सभी को आश्वस्ति दी और जंगल की ओर चल दिए। जब वे जंगल के बीचो-बीच पहुँचे तो उन्हें एक कठोर स्वर सुनाई दिया, ''ठहर जा!''

यह आवाज सुनकर बुद्ध रुक गए। तब घनी झाड़ियों में से निकलकर एक डाकू उनके सामने आकर खड़ा हो गया। उसे देखकर बुद्ध ने शांत भाव से कहा, "मैं तो ठहर गया, लेकिन तू कब ठहरेगा?"

यह सुनकर डाकू अचरज से बुद्ध को देखता रहा, क्योंकि बुद्ध के चेहरे पर भय रंचमात्र भी नहीं था। बुद्ध फिर बोले, "बोल, तू कब ठहरेगा?"

डाकू ने कहा, "मैं आपकी बात समझा नहीं।"

तब बुद्ध ने स्पष्ट किया "जीवन में वैसे ही जन्म से मरण तक दुःख-ही-दुःख हैं। मैं तो ज्ञान प्राप्त कर बंधनों से मुक्त हो गया, किंतु तू लोभ में पड़ा हुआ मार-काट करता जा रहा है। इन सबसे तू कब मुक्त होगा?"

बुद्ध की प्रभावशाली वाणी सुनकर डाकू उनके चरणों में गिर पड़ा और उस दिन से उसने हिंसा का मार्ग छोड़ दिया।

महापुरुष के लक्षण

किसी गाँव में धर्मचंद्र नाम के एक नामी सेठ रहते थे। वह स्वयं को महापुरुष कहलवाने में गर्व का अनुभव करते थे। वह साधारण से गृहस्थ थे, मगर उनमें ऐसा कुछ नहीं था, जो उन्हें महापुरुषों की श्रेणी में ला सके। पत्नी उसे समझाती, "संत सदात्मा के पास जाओ और उनसे ज्ञान लो कि महापुरुषों के क्या लक्षण होते हैं।"

पत्नी की बात मानकर सेठजी संत सदात्मा के पास गए। उनके कारिंदे ने संत को सेठजी का परिचय देते हुए कहा, "महाराज, इनका मार्गदर्शन कीजिए ताकि ये महापुरुष कहलाने योग्य बन सकें।"

संत समझ गए कि सेठ को महापुरुष कहलवाने की लालसा है, मगर अंदर बहुत कमियाँ हैं। उन्हें ज्ञान देते हुए संत बोले, "विपत्ति में जो धैर्य नहीं खोता, हानि होने पर जो नहीं रोता, भरपूर ऐश्वर्य में जो क्षमा-भाव अपनाए और प्रतिकूल परिस्थितियों में क्रोध न करे, जो सभा में अपना वाचन-शैली से सबका मन हर ले और मूर्खों की सभा में अपना मुँह बंद रखे, जो शास्त्रार्थ से डरे नहीं और सुयश में किसी से भेद-भाव करे नहीं, ऐसा प्राणी ही महापुरुष कहलाने योग्य है। आशा है, तुम अपने अंतर्मन में इन गुणों को स्थान दोगे, तब तुम्हें किसी से महापुरुष कहलवाने

की आवश्यक्ता नहीं पड़ेगी। तुम स्वयं एक प्रकाशपुंज हो जाओगे।''

सेठजी उपदेश ग्रहण कर घर लौटे तो उनकी सोच में परिवर्तन आ चुका था।

दूध में मिलावट

एक संत के आश्रम में सैकड़ों गायें थीं और उन गायों के दूध से वे आश्रम का संचालन करते थे। एक दिन एक शिष्य बोला, ''गुरुदेव, आश्रम के दूध में निरंतर पानी मिलाया जा रहा है।''

संत ने इसे रोकने का उपाय पूछा तो वह बोला, ''एक कर्मचारी रख लेते हैं, जो दूध की निगरानी करेगा।''

संत ने स्वीकृति दे दी। अगले ही दिन कर्मचारी रख लिया गया। तीन दिन बाद ही शिष्य फिर आकर संत से बोला, ''गुरुदेव, इस कर्मचारी की नियुक्ति के बाद से तो दूध में और पानी मिल रहा है।''

संत ने कहा, ''तो फिर एक और आदमी रख लो, जो पहलेवाले पर नजर रखे।''

ऐसा ही किया गया। लेकिन दो दिन बाद तो आश्रम में हड़कंप मच गया। सभी शिष्य संत के पास आकर बोले, ''गुरुदेव, आज दूध में पानी तो था ही, एक मछली भी पाई गई।''

संत ने कहा, ''तुम लोग मिलावट रोकने के लिए जितने अधिक निरीक्षक रखोगे, मिलावट उतनी ही अधिक होगी, क्योंकि पहले इस अनैतिक कार्य में कम कर्मचारियों का हिस्सा होता था तो कम पानी मिलता था। एक निरीक्षक को रखने से उसका हिस्सा बढ़ा तो पानी और अधिक मिलाया जाने लगा। फिर एक और निरीक्षक रखने से उसके लाभ के मद्देनजर पानी की मात्रा और बढ़ गई। जब इतना पानी मिलाएँगे तो उसमें मछली नहीं आएगी तो क्या मक्खन मिलेगा?''

जब शिष्यों ने संत से इसका समाधान पूछा तो वे बोले, ''तुम्हें उनकी मानसिकता बदलकर उन्हें निष्ठावान बनाना चाहिए, ताकि वे यह कृत्य छोड़ दें। बुराई पर प्रतिबंध लगाने के स्थान पर यदि आत्मबोध जाग्रत् किया जाए तो व्यक्ति स्वयं ही कुमार्ग का त्याग कर देता है।

समाज में सम्मान

एक दिन संत त्सुचि शाड पर्वत पर साधना कर रहे थे। एक अमीर उनके सत्संग के लिए आया। संत को पता था कि वह अत्यंत कंजूस है। उन्होंने उससे पूछा, ''समाज में प्रमुख लोगों में तुम्हारी गणना होती होगी।''

अमीर व्यक्ति बोला, ''महाराज, मैं तो अपने परिवार में ही मगन रहता हूँ। मैं इस बात से दु:खी हूँ कि समृद्ध होने के बावजूद समाज में मेरा सम्मान नहीं होता।''

यह सुनकर संत उसे सामने खड़े विशाल वृक्ष के पास ले गए और बोले, ''देखो, आकार में यह कितना विशाल है। इसकी शाखाएँ इतनी टेढ़ी-मेढ़ी हैं कि इनसे पानी में तैरनेवाला बेड़ा भी नहीं बनाया जा सकता। इसके पत्ते इतने छोटे हैं कि थके-माँदे मुसाफिर विश्राम के लिए इसकी छाया का लाभ भी नहीं उठा सकते। काँटा लगने के भय से कोई व्यक्ति इसके पास से गुजरना पसंद नहीं करता।''

थोड़ी देर रुककर संत ने इशारे से फलों से लदे छोटे-छोटे वृक्षों की ओर संकेत करते हुए कहा, ''इन फलदार वृक्षों के आस-पास रौनक रहती है। इसकी लताओं पर बैठकर पक्षी कलरव करते रहते हैं। नीचे राहगीर छाया में आराम करते हैं। बड़ा व महान् आकार या धन से नहीं, हृदय को बड़ा बनाने से होता है।''

संत की बात सुनकर अमीर ने उसी दिन से सेवा-परोपकार के कार्यों में धन खर्च करना शुरू कर दिया।

जुलाहे का लोटा

एक बार काशी में कई ब्राह्मण गंगास्नान के लिए आए। उस दिन नदी का बहाव तेज था। उनमें से जो बुजुर्ग ब्राह्मण तैरना नहीं जानते थे, वे पानी में उतरने का साहस नहीं कर पा रहे थे। उनके पास कोई बरतन भी नहीं था, जिसकी मदद से स्नान कर सकते। पास ही संत कबीर स्नान कर रहे थे। वह ब्राह्मणों की कठिनाई समझ गए। कबीर के पास एक लोटा था। वह ब्राह्मणों की कठिनाई समझ गए। उन्होंने लोटे को साफ किया और एक सेवक को देते हुए कहा, ''यह लोटा उन ब्राह्मणों को देकर आओ।''

सेवक लोटा लेकर ब्राह्मणों के पास गया। ब्राह्मणों ने पूछा, "इस लोटे का मालिक कौन है?"

सेवक बोला, "लोटा संत कबीर का है।"

यह सुनकर ब्राह्मणों ने लोटा लेने से इनकार कर दिया। उनका तर्क था कि हम ब्राह्मण हैं। जुलाहे का लोटा लेने से हमारा धर्म भ्रष्ट हो जाएगा। सेवक ने कबीर को लोटा लौटाते हुए ब्राह्मणों का जवाब कह सुनाया।

यह सुनकर कबीर स्वयं ब्राह्मणों के पास गए और बोले, "महाराज, यह लोटा रेत से माँजा गया है और इसे गंगाजल से धोया गया है। अब तो यह अपवित्र नहीं हो सकता?"

एक ब्राह्मण ने कहा, "गंगाजल से धोने के बाद यह लोटा एक ब्राह्मण का तो बन नहीं जाएगा।"

तब संत कबीर ने ब्राह्मणों से पूछा, "जब गंगा एक लोटे को पवित्रता प्रदान नहीं कर सकती, तब वह पापियों के पाप कैसे धो सकती है? यदि गंगाजल के स्पर्श के बाद जुलाहे का लोटा पवित्र नहीं हो सकता, तब आपका मन पवित्र कैसे हो सकता है?"

यह सुनकर ब्राह्मणों के सिर लज्जा से झुक गए।

अनासक्ति का भाव

अनासक्ति एक ऐसा भाव है, जिसकी बातें तो बहुत लोग करते हैं, लेकिन उसका पालन करनेवाले विरले ही होते हैं। एक बार एक धनी सज्जन स्वामी रामकृष्ण परमहंस के पास आया। उसने स्वामीजी से कुछ धन लेने का विनम्र आग्रह किया और बोला, "महाराज, इस धनराशि को आप स्वीकार करें, इसे परोपकार के कामों में लगा दें।"

परमहंस मुसकराकर बोले, "भाई, मैं तुम्हारा धन ले लूँगा तो मेरा चित्त उसमें लग जाएगा, मेरी मानसिक शांति भंग होगी।"

धनिक बोला, "महाराज, आप तो परमहंस हैं, आपका मन उस तेलबिंदु के समान है, जो कामिनी कांचन के महासमुद्र में स्थित होकर भी सदैव उससे अलग रहता है।"

यह सुनकर स्वामीजी गंभीर हो गए और बोले, ''भाई, क्या तुम्हें ज्ञात नहीं कि अच्छे-से-अच्छा तेल भी यदि बहुत दिनों तक घानी के संपर्क में रहे तो वह भी अशुद्ध हो जाता है और उससे दुर्गंध आने लगती है।''

धनिक को बोध हुआ। उसने अपना आग्रह छोड़ दिया और धन का उपयोग उपकार में कर दिया। साधुमना जन और सामान्य जन में यहीं अंतर होता है। संत धन के प्रति विरक्त होता है, जबकि संसारी जन को ऐश्वर्य, भौतिक वस्तुओं में ही जीवन का सार दिखाई देता है।

प्रतिकार की अग्नि

एक संत ने लोगों को उपदेश देते हुए पंचतंत्र की एक कथा सुनाई, ''दंडकारण्य में एक वृक्ष पर कुछ कौवे रहते थे। उनके शत्रु उल्लुओं ने एक बार रात में सोते समय उन पर हमला किया और कई कौओं को मार गिराया। कुछ कौवे बच निकले। अपने मृत साथियों को याद कर वे दुःख में डूबे थे। प्रतिकार की ज्वाला उनके मन में जल रही थी। बदला लेने का निर्णय हुआ और समय के साथ एक बुद्धिमान युवा कौवे ने अपनी चिकनी-चुपड़ी बातों से उल्लुओं के राजा का मन जीत लिया और वह उन्हीं के साथ रहने लगा।

एक दिन जब उल्लू गुफा में सो गए तो कौवे ने अपने साथियों को बुलाया। सबने मिलकर गुफा के द्वार को घासफूस व सूखी टहनियों से ढक दिया और उसमें आग लगा दी।''

कहानी सुनाने के बाद महात्मा ने कहा, ''युद्ध दो देशों में ही नहीं, दो कौमों, वर्गों और व्यक्तियों में भी होता है। प्रतिकार अग्नि है और इसका परिणाम विनाश है। शांति व संयम से सुखमय जीवन और प्रतिकार से दुःख-दर्द मिलते हैं।''

दुःख के बीज

एक बार बुद्ध वन के रास्ते से जा रहे थे। तभी एक व्यक्ति उनके पास आकर बोला, ''मैं बहुत दुःखी हूँ, लेकिन दुःख निवारण की कोई युक्ति नहीं सूझ रही।''

बुद्ध ने पूछा, ''क्या दुःख है तुम्हें?''

उस व्यक्ति ने कोई जवाब नहीं दिया। तब बुद्ध बोले, ''दुःख की गहराई में जाकर देखो।''

उस व्यक्ति ने पूछा, ''वह कैसे?''

बुद्ध ने उसे जंगल से अलग-अलग किस्म के पौधों के बीज लाने को कहा। थोड़ी देर में वह व्यक्ति कई पौधों के बीज की गुठलियाँ ले आया। बुद्ध ने एक गुठली उसके हाथ से लेकर पूछा, ''यह क्या है?''

उस व्यक्ति ने जवाब दिया, ''यह तो निमोली है।''

बुद्ध ने दूसरी गुठली दिखाकर पूछा, ''और यह क्या है?''

उस व्यक्ति ने कहा, ''यह बेर है।''

यह सिलसिला कुछ देर तक चला। बुद्ध ने सभी बीजों के बारे में उस व्यक्ति से पूछा और वह उनके नाम बताता रहा। फिर बुद्ध ने कहा, ''ऐसे ही दुःख के बीज होते हैं। कोई दुःख बिना बीज के नहीं उगता। दुःख के बीज पहचानो, फिर उसकी दवा कोई-न-कोई बता ही देगा।''

यह सुनकर उस व्यक्ति को अपने प्रश्न का उत्तर मिल गया।

संतोष धन

काशी के गंगातट पर संत रैदास की कुटिया थी, जहाँ वह अपनी पत्नी के साथ रहते थे और बाहर बैठकर जूते गाँठते थे। जो कुछ मिल जाता, उसी से वे गुजर-बसर कर लेते। एक दिन एक साधु उनकी कुटिया पर आया। उसने रैदास की गरीबी देखकर अपनी झोली से एक पत्थर निकाला और कहा, ''यह पारस पत्थर है, जो लोहे को सोने में बदल सकता है।'' यह कहते हुए उसने एक लोहे के टुकड़े को सोना बनाकर दिखा दिया।

रैदास ने कहा, ''महाराज, अपनी इस नियामत को आप अपने ही पास रखिए। अपनी मेहनत से मुझे जितना मिल जाता है, काफी है। पसीने की कमाई का अपना आनंद है।''

लेकिन जब साधु ने बहुत आग्रह किया तो रैदास ने कहा, ''महाराज, इसे राजा को दे दीजिए, जो इतना गरीब है कि हमेशा पैसा माँगता रहता है या फिर

किसी सेठ को दे दीजिए।''

यह सुनकर साधु अपना सा मुँह लेकर रह गया। वस्तुतः संतोष ऐसा धन है, जिसके सामने संसार का सबसे बड़ा वैभव भी चुप हो जाता है।

सच्चा साधु

एक बार संत फ्रांसिस अपने शिष्य लियो के साथ सेंट मेरिनो जा रहे थे। रात हो गई थी और दिनभर की थकान के कारण उन्हें भूख सताने लगी। तभी फ्रांसिस ने प्रश्न किया, ''लियो, भला बताओ तो, सच्चा साधु कौन है?''

लेकिन लियो ने कोई जवाब नहीं दिया। तब संत ने कहा, ''जो अंधों को उनकी आँखें दे सकता है, जो बीमार व्यक्तियों को बीमारी से मुक्त कर सकता है, वह सच्चा साधु है।'' फिर कुछ देर चुप रहने के बाद उन्होंने पुनः कहा, ''जो पशुओं, पौधों और निर्जीव पत्थरों की भाषा समझ ले, सारे जगत् का ज्ञान जिसको उपलब्ध हो, वह भी सच्चा साधु है।'' दो क्षण बाद वे फिर बोले, ''और वह भी सच्चा साधु नहीं है, जिसने अपना सबकुछ त्याग दिया है।''

लियो से रहा न गया, उसने पूछा, ''फिर सच्चा साधु है कौन?''

संत फ्रांसिस बोले, ''अब हम सेंट मेरिनो पहुँचनेवाले हैं। सराय के द्वार को हम खटखटाएँगे तो द्वारपाल पूछेगा, 'कौन हो?' और तब हम यह कहें कि 'तुम्हारे दो भाई-दो साधु' और यदि वह कहे, 'यहाँ भिखमंगों और मुफ्तखोरों के लिए कोई स्थान नहीं है तो हम आधी रात में भूखे और कीचड़ से सने शरीर में बाहर ही खड़े रहें और उसकी बात अनसुनी कर, फिर से द्वार खटखटाएँ और इससे वह द्वारपाल गुस्से में आकर डंडे से हम पर वार करे और बोले, 'बदमाशो, तुम्हें एक बार यहाँ से जाने के लिए कहा, फिर से आधी रात के समय परेशान कर रहे हो।' फिर भी हम शांत रहें, क्योंकि हमें द्वारपाल के रूप में भगवान् दिखाई दें तो यही वास्तविक साधुता है और तभी हम साधुओं की श्रेणी में आ सकते हैं।''

तब लियो के ध्यान में आ गया कि विषम परिस्थितियों में भी सरलता और समानता के भाव लाकर शांतिपूर्वक सारे दुःख-कष्टों को सहनेवाला ही सच्चा साधु है।''

स्वर्ण-रसायन

एक बार एक राजा प्रजा के सुख-दु:ख का पता लगाने के लिए अपने मंत्री के साथ दौरे पर निकला। जंगल से गुजरते समय उन्होंने एक तेजस्वी संत को पूजा-पाठ करते देखा। दर्शन करने के बाद राजा ने संत को सोने की मोहरें भेंट कीं। संत ने वे मोहरें वापस करते हुए कहा, ''राजन्, इनका हम क्या करेंगे? इन्हें आप राज्य के गरीबों में बाँट देना।''

राजा ने संत से धन की पूर्ति का उपाय पूछा, तो संत बोले, ''राजन्, हम स्वर्ण-रसायन से ताँबे को सोना बना देते हैं और उसी से धनापूर्ति करते हैं।''

संत की बात सुनकर राजा चकित रह गया। उसने कहा, ''महात्मन्, अगर आप वह दिव्य रसायन मुझे उपलब्ध करा दें तो मैं अपने राज्य को वैभवशाली बना दूँ।''

संत ने कहा, ''राजन्, इसके लिए आपको हमारे साथ एक महीने तक सत्संग करना होगा, तभी मैं आपको स्वर्ण-रसायन बनाने का तरीका समझा सकता हूँ।''

राजा एक महीने तक सत्संग में आया तो उसका धन से मोह दूर हो गया। एक दिन संत ने राजा से कहा, ''राजन्, अब आप स्वर्ण-रसायन बनाने का तरीका जान लीजिए।''

इस पर राजा बोला, ''महात्मन्, अब मुझे स्वर्ण-रसायन की जरूरत नहीं रह गई है। आपने मेरे हृदय को ही अमृत रसायन बना डाला है।''

रूपांतरण का सशक्त सूत्र

एक साधक ने कन्फ्यूशियस से पूछा, ''मैं मन पर संयम कैसे रख सकता हूँ?''

कन्फ्यूशियस ने कहा, ''मैं इसका सीधा उपाय बताता हूँ। एक छोटा सा सूत्र देता हूँ। क्या तुम कानों से सुनते हो? अच्छी तरह सोचकर जवाब देना।''

साधक बोला, ''हाँ, मैं कानों से ही सुनता हूँ।''

इसमें कन्फ्यूशियस ने असहमति जताते हुए कहा, ''मैं नहीं मान सकता कि तुम सिर्फ कानों से सुनते हो। तुम मन से भी सुनते हो और उसमें लिप्त होकर अशांत हो जाते हो। इसलिए आज से केवल कानों से सुनना आरंभ कर दो। मन से सुनना बंद करो। इसी तरह तुम सिर्फ आँखों से देखते हो और केवल जीभ से चखते

हो, यह मैं नहीं मान सकता। तुम मन से भी देखते और चखते हो। आज से केवल आँखों से देखना और जीभ से चखना प्रारंभ करो। मन से देखना और चखना बंद कर दो। मन पर अपने आप संयम हो जाएगा।''

यह रूपांतरण का सशक्त सूत्र है कि कानों से सुनो, आँखों से देखो और जीभ से चखो। उनसे मन को मत जोड़ो। मन पर संयम की यह पहली सीढ़ी है।

कामना कष्टदायिनी

एक बार संत इब्राहिम किसी पर्वत पर जा रहे थे। पर्वत पर अनार के वृक्ष थे और उनमें फल लगे थे। इब्राहिम की इच्छा अनार खाने की हुई। उन्होंने एक अनार तोड़ा, लेकिन वह खट्टा निकला, अत: उसे फेंककर वे आगे बढ़ गए। कुछ आगे जाने पर उन्हें मार्ग में एक व्यक्ति लेटा हुआ मिला। उसे बहुत सी मक्खियाँ काट रही थीं, लेकिन वह उन्हें भगाता नहीं था।

इब्राहिम ने उस व्यक्ति को नमस्कार किया तो वह बोला, ''इब्राहिम, तुम अच्छे समय पर आए।''

एक अपरिचित को अपना नाम लेते देख इब्राहिम को आश्चर्य हुआ। उन्होंने पूछा, ''आप मुझे कैसे पहचानते हैं?''

वह व्यक्ति बोला, ''एक भगवत्प्राप्त व्यक्ति से कुछ छिपा नहीं रहता।''

इब्राहिम बोले, ''यदि आपको भगवत्प्राप्ति हुई है तो भगवान् से प्रार्थना क्यों नहीं करते कि तुम्हारे मन में अनार खाने की कामना न हो। मक्खियाँ तो हृदय को पीड़ित करती हैं।''

असीम प्रेम

सुकरात की पत्नी जेंथीप बहुत झगड़ालू और कर्कश स्वभाव की थी। उसे इस बात से कोई मतलब नहीं था कि उसके पति बहुत जाने-माने व्यक्ति हैं या समाज में उनकी मान-प्रतिष्ठा है। वह उन्हें बहुत हेय समझती थी और गाहे-बगाहे उन पर गरजती रहती थी। सुकरात उसकी हर ज्यादती को हँसकर बरदाश्त कर लेते।

एक बार सुकरात अपने शिष्यों के साथ किसी विषय पर चर्चा कर रहे थे। वे घर के बाहर धूप में बैठे हुए थे। तभी भीतर से जेंथीप ने उन्हें कुछ कहने के लिए आवाज लगाई। सुकरात चर्चा में इतने खोए हुए थे कि जेंथीप के बुलाने पर उनका ध्यान नहीं गया। दो-तीन बार आवाज लगाने पर भी जब सुकरात घर में नहीं आए तो जेंथीप भीतर से एक घड़ा भरकर पानी लाई और सुकरात पर उड़ेल दिया।

यह देख वहाँ उपस्थित तमाम लोग स्तब्ध रह गए। लेकिन सुकरात पानी से तरबतर बैठे मुसकराते रहे। वे बोले, ''देखा आप लोगों ने, मेरी पत्नी मुझसे कितना प्रेम करती है कि उसने इतनी गरमी से मुझे राहत देने के लिए मुझ पर पानी डाल दिया है।''

तीन प्रकार की बुद्धियाँ

एक संत अपने शिष्यों को समझा रहे थे, ''बुद्धि तीन प्रकार की होती हैं कंबल बुद्धि, पत्थर बुद्धि और बाँस बुद्धि।

संत के एक जिज्ञासु शिष्य से रहा नहीं गया और वह पूछ बैठा, ''गुरुदेव, इन तीन प्रकार की बुद्धियों का अर्थ भी समझाइए।''

संत बोले, ''ठीक है, सुनो, कंबल में सुई डालो और फिर निकाल दो। क्या कोई बता सकता है कि कंबल में सुई कहाँ डाली गई?''

विचार कर सभी शिष्य एक साथ बोले, ''कोई नहीं बता सकता।''

इस पर संत ने कहा, ''कुछ बुद्धियाँ भी इसी प्रकार की होती हैं। बात बुद्धि में डाल दी, लेकिन समाप्त होते ही मैदान साफ। पता ही नहीं चलता कि बात बुद्धि में कहाँ डाली गई? दूसरी होती है पत्थर बुद्धि। पत्थर में बड़ी कठिनाई से छेद होता है। पर जो छेद हो गया, वह बंद नहीं हो सकता। इसे हम पत्थर बुद्धि कहते हैं। बात बड़ी मुश्किल से समझ में आती है। लेकिन एक बार समझने के बाद व्यक्ति उसे भूल नहीं सकता। तीसरी होती है बाँस बुद्धि। बाँस में चाकू डालो आगे से आगे वह स्वयं चिरता चला जाएगा। जरा इशारे से समझा दो, व्यक्ति आगे की बात स्वतः समझता चला जाएगा। तो शिष्यो, बुद्धि तीन प्रकार की होती है। लेकिन बाँस बुद्धि ही सर्वश्रेष्ठ बुद्धि कहलाती है।''

प्रेम की शक्ति

एक बार संत राबिया पुस्तक पढ़ रही थीं। एक जगह पुस्तक में उन्होंने लिखा देखा, 'शैतान से घृणा करो, प्रेम नहीं।' उन्होंने उस लाइन को कलम से काट दिया। कुछ दिन बाद एक संत उनके सत्संग के लिए आए। उन्होंने पुस्तक देखी और उसके पन्ने पलटने लगे—'शैतान से घृणा करो, प्रेम नहीं' वाक्य कटा देखा। उन्होंने पूछा, "यह लाइन किसने काटी है?"

राबिया ने कहा, "पहले मैं भी ऐसा ही मानती थी कि शैतान से प्रेम नहीं, घृणा करनी चाहिए। लेकिन जब मैंने प्रेम की शक्ति की प्रत्यक्ष अनुभूति की, तो मुझे लगा कि सबसे प्रेम करना चाहिए। प्रेम करते समय पात्र, अपात्र नहीं देखना चाहिए। घृणा केवल दुष्कर्मों से करनी चाहिए। प्राणी मात्र तो प्रेम का ही अधिकारी है।"

यह सुनकर संत ने जिज्ञासावश पूछा, "क्या शैतान से भी प्रेम करना उचित है?"

राबिया ने कहा, "यदि हम प्रेम के माध्यम से शैतान के हृदय में करुणा, अहिंसा जैसे सद्‌गुणों को अपनाने में सफल हो जाएँ तो उसकी शैतानियत स्वतः दूर हो जाएगी। इसलिए मैं कहती हूँ कि शैतान से प्रेम करो तथा उसके हृदय को प्रेम के रस से सराबोर करके उसकी शैतानियत को दूर करने का प्रयास करो।"

राबिया की बात सुनकर संत की जिज्ञासा का समाधान हो गया।

विलक्षण फल

एक वृद्ध संत के पास एक युवक पहुँचा और उनके चरणों में गिरकर बोला, "महाराज, मैं आनंद की खोज में संतों व तीर्थों की खाक छानता फिर रहा हूँ। कृपया मुझे आनंद पाने की राह बताइए।"

संत ने हँसते हुए कहा, "यह लो वत्स, मेरे पास दो फल हैं। इन फलों को स्वीकार करो। ये दोनों बड़े विलक्षण फल हैं। इनमें से पहले फल को खाने से आनंद क्या है, वह जान लोगे और दूसरे फल को खाने से आनंद में डूब जाओगे, आनंदित ही हो जाओगे। अब तुम्हें स्वयं निर्णय लेना है कि तुम कौन सा फल

खाना चाहोगे, क्योंकि दोनों में से एक ही फल खाया जा सकता है। एक फल खाने के साथ दूसरा फल अदृश्य हो जाता है।''

यह सुनकर वह युवक पहले तो ठिठका। लेकिन फिर उसने कहा, ''महाराज, मैं आनंद पाना नहीं चाहता, मैं आनंद जानना चाहता हूँ।''

तब संत ने कहा, ''आनंद को जान लेने मात्र से आत्मा की प्यास बुझ नहीं सकती। वत्स! तुम चूक गए।''

संत की परीक्षा

एक संत अपनी कुटिया में ध्यानमग्न थे। तभी कुछ लोग वहाँ आ पहुँचे। उन्होंने योगी की परीक्षा लेनी चाही। उनमें से एक ने हवन कुंड से एक अंगारा निकालकर उनकी जाँघ पर रख दिया। इससे संत तनिक भी विचलित नहीं हुए, न ही हिले-डुले, असल में वह उस समय शरीर त्यागकर ध्यान की उच्च अवस्था में पहुँच चुके थे। यह ऐसी अवस्था थी, जिसमें वे तटस्थ रहकर अपने शरीर को देख सकते थे। उन्होंने देखा कि उनकी जाँघ जल चुकी है। जलते हुए कोयले से वहाँ गहरा घाव हो गया है।

कुछ देर बाद उन्होंने धीरे से आँखें खोलीं। लोग डरकर भागने लगे। संत ने उन्हें पुकारा और आशीर्वाद देते हुए कहा, ''हे सज्जनो! मैं आप लोगों का आभारी हूँ। आपके ही कारण मुझे कोई भी बाधा विचलित नहीं कर सकती। अगर आपने इस तरह परीक्षा नहीं ली होती तो मुझे इस तथ्य का पता कैसे चल पाता? ईश्वर आपको सन्मार्ग दिखाए।'' यह कहकर वे पुनः ध्यानमग्न हो गए।

विचित्र आशीर्वाद

एक बार एक संत अपने शिष्यों के साथ कहीं जा रहे थे। मार्ग में वे एक गाँव में रुके। गाँववालों ने उनका आदर-सत्कार किया। अगले दिन जब वे जाने लगे तो गाँववालों ने कहा, ''स्वामीजी, हमें कुछ आशीर्वाद तो देते जाइए।''

स्वामीजी बोले, ''उजड़ जाओ।''

चलते-चलते स्वामीजी का काफिला एक-दूसरे गाँव में पहुँचा, वहाँ के लोगों ने संत को भला-बुरा कहा और पत्थर मार-मारकर गाँव से भगा दिया। जाते-जाते संत ने उन्हें आशीर्वाद देते हुए कहा, "यहीं बसे रहो।"

जब सब लोग कुछ आगे निकल गए तो शिष्यों ने स्वामीजी के सम्मुख जिज्ञासा प्रकट की, "आपने ऐसे उलटे आशीर्वाद क्यों दिए?"

संत बोले, "पहले गाँव के लोग सज्जन थे। वे बिखरेंगे तो उनके साथ नेकी भी बाहर जाएगी, इसलिए उन्हें उजड़ जाने का आशीर्वाद दिया। दूसरे गाँव के लोग दुष्ट प्रकृति के थे। वे जहाँ जाएँगे, दुष्टता ही फैलाएँगे। इसलिए, मैंने उन्हें वहीं बसे रहने का आशीर्वाद दिया, ताकि उनकी दुष्टता भी वहीं तक सीमित रहे।"

आत्मज्ञान

एक बार एक युवक ने किसी संन्यासी के समक्ष जिज्ञासा प्रकट की, "महाराज मेरा मन इस संसार में नहीं लगता। मैं क्या करूँ? कृपया मार्गदर्शन दें।"

संन्यासी ने कहा, "तुम इस देश के राजा के पास चले जाओ और वहाँ उनके साथ कुछ समय बिताओ। तुम्हें अवश्य ही आत्मज्ञान मिलेगा।"

यह सुनकर युवक को बड़ा आश्चर्य हुआ। वह समझ नहीं पाया कि राजा के पास भला क्या आत्मज्ञान मिल सकता है। युवक को असमंजस में पड़ा देख संन्यासी ने कहा, "तुम चिंता मत करो। जाओ, तुम्हारे पहुँचने से पहले ही वहाँ तुम्हारे बारे में सूचना पहुँच जाएगी।"

संन्यासी की बात मानकर वह युवक राजमहल पहुँचा। वहाँ उसने चारों तरफ सुख-समृद्धि और ठाठ-बाट देखे। लेकिन उसका मन वहाँ नहीं लगा। फिर भी वह वहाँ रुका रहा। एक दिन राजा उसे नदी में स्नान कराने ले गया। युवक ने अपना कुरता उतारा और वहीं तट पर रख दिया। उसी समय राजमहल के पास से शोर मचा, 'आग लग गई, आग लग गई।'

कुछ ही क्षणों में आग की लपटें आकाश को छूने लगीं। युवक ने दौड़कर अपना कुरता उठाया, जबकि राजा ज्यों-का-त्यों निश्चल खड़ा रहा। उसके चेहरे पर कोई भाव नहीं था, जैसे कुछ हुआ ही न हो। युवक ने पूछा, "राजन्, आपके महल में आग लगी है, फिर भी आप आराम से खड़े हैं। इसका क्या रहस्य है?"

इस पर राजा ने कहा, ''महल को मैंने कभी अपना नहीं समझा। मैं नहीं था, तब भी महल था और मैं रहूँगा, तब भी महल रहेगा। लेकिन तुम अपने एक कुरते के लिए दौड़ गए। मतलब यह कि तुम्हें कुरते से कितना मोह है। जब तुम्हें एक कुरते से इतना लगाव है तो दुनिया छोड़ने की बात तुम कैसे कह रहे हो।''

यह सुनकर युवक राजा के चरणों में गिर पड़ा और बोला, ''राजन्, अब मैं समझ गया कि क्यों संन्यासीजी ने मुझे आपके पास भेजा। आप समृद्धि के बीच रहकर भी ममत्व से परे हैं, जबकि मैं सबकुछ छोड़कर भी या उसका दावा करते हुए भी मोह से ऊपर नहीं उठ पाया हूँ।''

क्रोध असुर है

एक बार एक संत अपने अनुयायी के पास बैठे थे। तभी अचानक एक दुष्ट मनुष्य वहाँ आया और संत के सामने बैठे अनुयायी को दुर्वचन कहने लगा। उस सत्पुरुष ने कुछ देर तो उसके कठोर वचन सहे; लेकिन अंत में उसे भी क्रोध आ गया और वह भी उसे उलटा-सीधा कहने लगा। यह देखकर संत खड़े हो गए।

तब वह अनुयायी बोला, ''जब तक यह दुष्ट मुझे गालियाँ देता रहा था, आप बैठे रहे और जब मैं उत्तर दे रहा हूँ तो आप उठकर क्यों जा रहे हैं?''

संत बोले, ''जब तक तुम मौन थे, तब तक तो देवता तुम्हारी ओर से उत्तर देते थे, किंतु जब तुम बोलने लगे तो तुम्हारे भीतर देवताओं के बदले क्रोध आ बैठा। क्रोध तो असुर है और असुरों का साथ छोड़ ही देना चाहिए, इसलिए मैं जा रहा हूँ।''

पहले अपनी तृष्णा त्यागो

एक संत ने वर्षों से सत्संग के लिए आ रहे एक व्यक्ति की धर्म और साधना के प्रति रुचि देखी तो सोचा कि अब इसे सांसारिक प्रपंचों से बचाकर साधना-भक्ति में ही लगाना होगा। उन्होंने उसे संन्यास की दीक्षा दे दी फिर अपनी कुटिया उसे सौंपकर बोले, ''वत्स, तुम यहाँ रहकर साधना करो। ध्यान रखना कि केवल

आत्मकल्याण तक सीमित न रहो। संन्यासी का धर्म यही है कि वह समाज के कल्याण का चिंतन अवश्य करता रहे।'' यह कहकर संत धर्म प्रचार करने के लिए निकल पड़े।

कुछ वर्ष बाद वह उस क्षेत्र में पुन: आए तो सोचा कि शिष्य संन्यासी से मिलना चाहिए। जब वे वहाँ पहुँचे तो कुटिया की जगह भव्य आश्रम देखकर वह चकित हो उठे। अंदर पहुँचे तो देखा कि शिष्य पूजा-आरती के बाद अंगों पर भस्म लगा रहा है। अभी वह भस्म लगा ही रहा था कि गुरुदेव की आवाज सुनाई दी। शिष्य गुरु को देखते ही उनके चरणों में गिर पड़ा।

संत ने पूछा, ''साधना ठीक चल रही है?''

शिष्य ने कहा, ''गुरुदेव! साधना में विघ्न पड़ गया है। जिस व्यक्ति ने आश्रम के लिए भूमि दान दी थी, वह इसकी कीमत करोड़ों में हो जाने के कारण अब वापस माँग रहा है।''

संत ने कहा, ''वत्स, मैंने कुटिया में रहकर साधना की। तुमने भव्य भवन बनाने के लिए दर-दर जाकर चंदा माँगा। क्या कभी तुमने अपने अंदर झाँककर देखा कि भव्य भवन बनाकर महाधिपति बनने की तृष्णा तुममें क्यों पैदा हो रही है?''

गुरु के वचनों ने शिष्य का विवेक जाग्रत् कर दिया। उसने आश्रम के कमरे में रखा कमंडल उठाया और गुरुदेव के साथ धर्म-प्रचार के लिए निकल पड़ा।

माया से मुक्ति

संत ज्ञानेश्वर अपने शिष्य के साथ नदी पार कर रहे थे। शिष्य संत ज्ञानेश्वर से अपनी शंकाओं का समाधान भी करता जा रहा था। इसी क्रम में उसने प्रश्न किया, ''गुरुदेव, इस जन्म को कैसे बनाएँ, ताकि आत्मा का परमात्मा से मिलन सहजता से हो सके।''

संत ज्ञानेश्वर ने कहा, ''वत्स, जिस प्रकार भारी वस्तु पानी में डूब जाती है, उसी प्रकार आत्मा भी हमारे विभिन्न कर्मों, दुष्कर्मों के बोझ लिये यहाँ-वहाँ भटकती रहती है और यह क्रम अनादि काल से चलता रहता है। सहज और सरल मुक्ति के लिए जरूरी है कि आत्मा को हर प्रकार के कर्मों से स्वतंत्र किया जाए, ताकि वह हलकी होकर निर्बाध हो सके और उसका परमात्मा से मिलन सुगम हो

सके, ऐसी स्वतंत्रता माया से मुक्ति के बाद ही मिलती है।"

शिष्य समझ गया कि गुरु के कथन का मर्म क्या है।

~✻ ✻~

धन का संग्रह

एक बार उडिया बाबा प्रयाग से वृंदावन जा रहे थे। रास्ते में उन्हें एक संन्यासी मिला। बाबा के सत्संग का लाभ उठाने के लिए वह भी उनके साथ चल पड़ा। कुछ दूर चलने के बाद बाबा ने संतों को संकेत किया कि रात किसी मंदिर में गुजारी जाए। संन्यासी ने कहा, "बाबा, शहर के बाहर रुकना खतरनाक है। कोई भी हमें लूट सकता है।"

बाबा बोले, "हम साधुओं के पास ऐसा क्या है, जो हमें कोई लूटेगा।"

सब सो गए, मगर संन्यासी को रात भर नींद नहीं आई। सुबह होने पर बाबा ने संन्यासी से पूछा, "आपके झोले में क्या है जो रातभर आप चिंता में बैठे रहे।"

संन्यासी बोला, "कुछ रुपए हैं। भक्तों ने दक्षिणा में दिए थे।"

यह सुनकर बाबा मुसकराते हुए बोले, "आपके भय का कारण ये चंद रुपए हैं। किसी संन्यासी को अपने पास धन कदापि नहीं रखना चाहिए। आप ये रुपए गरीबों में बाँट दो। भय स्वत: खत्म हो जाएगा।"

बाबा के कहने पर संन्यासी ने रुपए गरीबों में बाँट दिए। उस रात संन्यासी गहरी नींद सोया। फिर उसने यह संकल्प लिया कि भविष्य में कभी धन का संग्रह नहीं करेगा।

~✻ ✻~

मन को शिक्षा

एक बार एक महात्मा बाजार में जा रहे थे। एक दुकान में उन्होंने खजूर देखे। उनके मन ने कहा कि खजूर ले लेने चाहिए। उन्होंने मन को समझाया, 'दुनिया में भाँति-भाँति की चीजें हैं, तू लालच मत कर।' लेकिन महात्मा जब रात को सोए तो खजूर आँखों के सामने आ गए। सारी रात वे बेचैन रहे, सुबह भजन में भी मन न लगा।

आखिर हारकर महात्मा सवेरे जंगल में गए। एक गट्ठर लकड़ियों का उठाया और मन से कहा कि तुझे खजूर खाना है तो बोझ उठा। इसके बाद महात्मा चले, लेकिन गिर पड़े। बार-बार गिरते, लेकिन फिर चल पड़ते। महात्मा मन से बोले कि मुझे खजूर खाने हैं तो मुश्किल भी उठानी पड़ेगी।

थके-हारे वह शहर पहुँचे, शाम तक बैठकर लकड़ियाँ बेचीं। जो कुछ पैसा मिला, उससे खजूर खरीदकर जंगल में ले गए। खजूर सामने रखे, फिर मन से कहा कि आज तूने खजूर माँगे, कल फिर कोई और अच्छे खाने, अच्छे-अच्छे कपड़े माँगेगा, फिर स्त्री माँगेगा। अगर स्त्री आई तो बाल-बच्चे होंगे। तब तो मैं तेरा ही हो जाऊँगा।

महात्मा ने एक मुसाफिर को बुलाकर कहा, ''ले भाई ले जा। मन तो सबका एक जैसा ही होता है। महात्मा उसे शिक्षित और संयमित करते हैं।''

सर्वश्रेष्ठ भूमि

एक बार एक संत अपने कुछ शिष्यों के साथ जंगल में गए। वहाँ का मनोरम वातावरण देखकर बोले, ''कितनी अच्छी जगह है। यदि हमेशा यहीं रहने की व्यवस्था हो जाए तो कितना अच्छा हो।''

संत की बात सुनकर उनके शिष्यों ने पूछा, ''गुरुदेव, हमेशा रहने के लिए स्वर्ग की भूमि श्रेष्ठ है या जंगल की जमीन?''

संत ने कहा, ''बच्चो, जिस भूमि पर हम अपने दोनों पैर रखकर खड़े हैं और जो भूमि हमारा भार वहन कर रही है, वही सबसे श्रेष्ठ भूमि है। यदि इस भूमि को हम स्वर्ग की भूमि से हीन समझते हैं तो हम इसपर पैर रखने के अधिकारी नहीं हो सकते।''

शिष्यों ने कहा, ''लेकिन गुरुदेव, स्वर्ग की श्रेष्ठता की प्रशंसा तो कर ही सकते हैं?''

संत ने कहा, ''जब हमारा कल्याण इसी धरती से हो रहा है तो फिर स्वर्ग की इच्छा या प्रशंसा की जरूरत क्या है? असंतुष्ट मनुष्य ही अपने लिए कोई वहम पालकर रखता है।

दान की महिमा

एक बार संत रैदास के पास एक सेठ आया। उसने कहा, ''महाराज, मेरे पास धन-दौलत, जमीन-जायदाद, कोठी, नौकर आदि सबकुछ है, लेकिन फिर भी बहुत परेशानी रहती है। रात को ठीक से सो नहीं सकता। दिन में चैन नहीं मिलता। हर समय मन में भय बना रहता है। चोर-डाकू और मौत का डर सताता रहता है। मेरे अपने भी मुझे शत्रु दिखाई देते हैं। ऐसा लगता है कि सभी मेरे धन के पीछे पड़े हैं। कृपया मुझे बताइए कि मैं क्या करूँ?''

संत रैदास ने कहा, ''सेठजी, मेरी कठौती के पानी को देखिए। इसमें बुलबुले उठते हैं और फूट जाते हैं। बस इस तरह मनुष्य का जीवन और धन-संपदा भी है। ये सब क्षणिक और नाशवान हैं। जब भी मेरी कठौती में ज्यादा पानी भर जाता है तो मैं परेशानी से बचने के लिए दस फीसदी उलीच देता हूँ और बस, समस्या खत्म हो जाती है।''

संत की बात सुनकर सेठजी समझ गए थे। उन्होंने अपने धन का दसवाँ हिस्सा दान करना शुरू किया। सारी चिंताएँ मिट गईं और संतोष व परम आनंद का रस उनके जीवन में बसने लगा।

जीवनरूपी कमंडल

एक बार महावीर के शिष्यों में गंभीर चर्चा चल रही थी कि मनुष्य के पतन का कारण क्या है? किसी शिष्य ने इसका कारण काम-वासना बताया, किसी ने लोभ, किसी ने अहंकार तो किसी ने कुछ और, लेकिन उनमें इस मामले में एक राय नहीं बन पा रही थी।

अंततः वे इस समस्या के समाधान के लिए महावीर के पास गए। महावीर ने अपने शिष्यों से कहा, ''पहले मेरे एक प्रश्न का उत्तर दो। मान लो, मेरे पास एक छोटा कमंडल है, जिसमें पर्याप्त मात्रा में जल समा सकता है। मैंने यदि उसे नदी में छोड़ दिया तो क्या वह डूब जाएगा?

शिष्यों ने कहा, ''कदापि नहीं, वह तो तैरने लगेगा।''

महावीर ने पुनः पूछा, ''लेकिन यदि छिद्र दाईं ओर हो तो?''

शिष्य बोले, "तब तो उसका डूबना तय ही है।"

महावीर ने फिर पूछा, "लेकिन यदि छिद्र बाईं ओर हो तो?"

इसपर एक शिष्य बोला, दाईं ओर हो या बाईं ओर, छिद्र कहीं भी हो, कमंडल को तो पानी में डूबना ही है।"

यह सुनकर महावीर बोले, "मानव जीवन भी एक कमंडल के समान ही है। उसमें दुर्गुण रूपी छिद्र जहाँ भी हुआ, समझ लो कि वह अब डूबने ही वाला है। उसको डूबने से कोई नहीं रोक सकता। काम, क्रोध, लोभ, अहंकार, मत्सर आदि सभी दुर्गुण उसे डुबाने के निमित्त हो सकते हैं, इनमें कोई भेद नहीं। इसलिए हमें सजग रहना चाहिए कि कहीं हमारे जीवनरूपी कमंडल में कोई छिद्र तो नहीं हो रहा है।"

अनूठी भिक्षा

एक बार एक संत ने किसी के द्वार पर भिक्षा के लिए आवाज लगाई। आवाज सुनकर एक छोटी सी लड़की मकान के बाहर आई। बालिका ने संत को हाथ जोड़े और खड़ी हो गई। उसकी आँखों से आँसू बहने लगे। संत उसकी बेबसी समझ गए। वह बोले, "बेटी, भिक्षा में कुछ भी दो।"

बालिका बोली, "बाबा, भिक्षा तो मैं देना चाहती हूँ, लेकिन हमारे घर में कुछ भी नहीं है। हम स्वयं दो दिन से भूखे हैं।" यह कहकर बालिका रोने लगी।

संत का हृदय बालिका के प्रेम को देखकर द्रवित हो उठा। वह उसके सिर पर हाथ फेरकर बोले, "बेटी, निराश मत हो। एक मुट्ठी धूल लाकर मेरे कमंडल में डाल दो। यह धूल ही मेरे लिए सबसे अनूठी भिक्षा होगी।"

बालिका ने एक मुट्ठी धूल संत के कमंडल में डाल दी। संत ने उसके सिर पर हाथ फेरकर कहा, "भिक्षा देने की नीयत रखो। भगवान् एक दिन तुम्हें संपन्न बनाएँगे।"

संत के शिष्य ने उनसे पूछा, "महाराज, आपने भिक्षा में धूल क्यों माँगी?"

संत ने कहा, "वत्स, बालिका की नीयत भीख देने की थी। घर में कुछ नहीं था, यह उसकी बेबसी थी। यदि मैं उसे निराश करता तो उसे यह बात कचोटती रहती कि हम साधु को एक रोटी देने लायक भी नहीं है। धूल देकर उसके बदले

मिले आशीर्वाद से वह गौरव का अनुभव कर रही थी। मैंने अपने साधु-धर्म का पालन किया है।''

दया की शिक्षा

एक बार एक संत एक वृक्ष के नीचे लेटे आराम कर रहे थे। उसी समय उनका एक विरोधी वहाँ आ पहुँचा और उसने संत को ललकारते हुए कहा, ''अरे उठ, और देख कि अब तेरी रक्षा करनेवाला यहाँ कौन है?''

संत उठे और उन्होंने निर्भीक स्वर में उत्तर दिया—

''मेरा प्रभु मेरा रक्षक है।'' यह कहकर उन्होंने फुरती से विरोधी के हाथ की तलवार छीन ली और बोले, ''अब तू बता कि तेरी रक्षा करनेवाला कौन है?''

विरोधी काँपते हुए बोला, ''अब यहाँ मेरी रक्षा करनेवाला तो कोई नहीं है।''

तब संत ने तलवार फेंक दी और उससे कहा, ''अपनी तलवार उठा ले और आज से दया करने की मुझसे शिक्षा ले।''

विरोधी लज्जित हो गया और संत के चरणों में गिर पड़ा। वह उसी दिन से उनका अनुयायी बन गया।

नियम पालन का लाभ

एक बार एक गाँव में एक संत आए। उन्हें पता लगा कि गाँव में एक ऐसा व्यक्ति है, जो किसी प्रकार के आचार-विचार, व्रत नियम को मानता ही नहीं। संत ने उसे बुलवाया और समझाया, ''जीवन में कोई एक नियम अवश्य होना चाहिए। तुम कोई एक नियम बना लो, ऐसा नियम जो तुम्हें सबसे सुगम जान पड़े।''

वह व्यक्ति बोला, ''महाराज, मुझसे कोई नियम पालन नहीं हो सकता, लेकिन आप कहते हैं तो यह नियम बना लेता हूँ कि अपने घर के पास रहनेवाले कुम्हार का मुख देखकर ही भोजन करूँगा।''

संत ने उसकी बात स्वीकार कर ली। उस व्यक्ति का यह नियम चलता रहा।

लेकिन एक दिन उसे किसी काम से कुछ रात्रि रहते ही घर से दूर जाना पड़ा। जब वह लौटा तो दोपहर बीत चुकी थी। कुम्हार गाँव से दूर मिट्टी खोदने चला गया था। लेकिन उस व्यक्ति को अपना नियम-पालन करना था। वह कुम्हार की खोज में चल पड़ा; क्योंकि उसे भूख लगी थी और उस कुम्हार का मुख देखे बिना भोजन नहीं करना था।

उस दिन मिट्टी खोदते समय कुम्हार को अशर्फियों से भरा घड़ा मिला। उस घड़े की अशर्फियों को वह एक बोरी में भर रहा था, इतने में वह व्यक्ति वहाँ पहुँच गया। कुछ दूर से कुम्हार का मुख देखकर वह लौटने लगा। कुम्हार को लगा कि इसने उसे अशर्फियाँ भरते देख लिया है। दूसरों से यह न बता दे, इस भय से कुम्हार ने उसे पुकारा और आधी अशर्फियाँ उसे दे दीं।

एक साधारण नियम के पालन से इतना लाभ हुआ, यह देखकर उसी दिन से वह व्यक्ति व्रतादि सभी धार्मिक नियमों का पालन करने लगा।

शांति का पाठ

एक बार एक व्यक्ति स्वामी विवेकानंद के पास आया और अत्यंत दुखी स्वर में बोला, ''स्वामीजी, मैं एक गृहस्थ हूँ। मेरे पास किसी चीज की कोई कमी नहीं है, लेकिन फिर भी मेरा मन अशांत रहता है। कोई भी चीज मुझे अच्छी नहीं लगती। यहाँ तक कि मैंने अपनी संपत्ति व परिवार को भी त्याग दिया है और नियमित रूप से योगासन करता हूँ। इन सबके बावजूद मुझे तनाव परेशान किए रहता है। मैं आपके पास बड़ी उम्मीद लेकर आया हूँ। कृपया आप मुझे शांति का पाठ पढ़ाएँ अन्यथा मैं अपना जीवन त्याग दूँगा।''

उसकी बातें सुनकर स्वामीजी मंद-मंद मुसकराते हुए बोले, ''वत्स, तुम्हें शांति अवश्य मिलेगी। केवल एक माह तुम वही करो, जो मैं तुम्हें बता रहा हूँ। आज तुम अपने घर से निकलो और लाचारों-गरीबों की बस्ती में जाओ। वहाँ जो भी तुम्हें भूखा या बीमार मिले, उन्हें खाना खिलाओ, उनकी सेवा करो, उनकी गरीब कन्याओं के विवाह में सहायता करो। एक महीने बाद फिर बताना कि क्या हुआ।''

वह व्यक्ति चला गया। एक महीने बाद जब वह लौटा तो उसके चहेरे पर अलग ही रंगत थी। उसने कहा, ''स्वामीजी मैं समझ गया कि सेवा-कार्यों में लगे

रहना ही शांति प्रदान करने का अचूक उपाय है। इस एक महीने के भीतर मुझे जितनी संतुष्टि हुई या जितनी शांति मिली, उतनी आज तक नहीं मिली थी।''

अपशब्द

एक बार महात्मा बुद्ध गाँव से होकर गुजर रहे थे। गाँव के कुछ लोग उनके निकट आए और अपशब्द कहकर उनका अपमान करने लगे। बुद्ध ने कहा, ''अगर आप लोगों की बात समाप्त हो गई हो तो मैं यहाँ से जाऊँ। मुझे दूसरे गाँव जल्दी पहुँचना है।''

बुद्ध की बात सुनकर उन लोगों के आश्चर्य की सीमा न रही। वे बोले, ''हमने बात तो कुछ नहीं की। आपको सिर्फ अपशब्द कहे हैं, फिर भी आप दुखी नहीं हुए? बदले में अपशब्द का उत्तर तो दिया होता या कुछ कहा होता?''

बुद्ध ने कहा, ''मुझे अपमान से दुःख या स्वागत से सुख नहीं मिलता। मैं तो अपने लिए भी सिर्फ द्रष्टा मात्र रह गया हूँ। इसलिए अब मैं आप लोगों के साथ वही करूँगा, जो मैंने पिछले गाँव में किया है।''

कुछ लोगों ने जिज्ञासावश पूछा, ''वहाँ आपने क्या किया?''

बुद्ध ने कहा, ''पिछले गाँव में कुछ लोग फल-फूल व मिठाइयों से भरी हुई थालियाँ मुझे भेंट करने आए थे। मैंने उनसे कहा कि मेरा पेट भरा हुआ है। इसलिए मुझे क्षमा करो। मेरा ऐसा कहने पर वे वापस चले गए। अब आप लोग अपशब्द लेकर आए हैं, अतः इन्हें वापस ले जाने के सिवाय आप लोगों के पास कोई उपाय नहीं है। उस गाँव के लोगों ने तो मिठाई और फल बच्चों में बाँट दिए होंगे, लेकिन आप गालियाँ किसको बाँटेंगे? क्योंकि मैं इनको लेने से इनकार करता हूँ।''

यह सुनकर अपशब्द कहनेवाले एक-दूसरे का मुँह ताकते रह गए और बुद्ध अपने रास्ते पर आगे बढ़ गए।

बैर को अबैर से जीतो

एक बार दो इलाकों के बीच पानी को लेकर विवाद छिड़ गया। झगड़ा इतना बढ़ गया कि दोनों ओर से तलवारें खिंच गईं। सौभाग्य से तभी वहाँ एक संत

का आगमन हुआ। लोगों को झगड़ते देख उन्होंने पूछा, ''आप लोग आपस में क्यों झगड़ रहे हो?''

लोगों ने बताया, ''पानी के लिए।''

संत ने पूछा, ''पानी का क्या मूल्य है?''

जवाब मिला, ''कुछ भी नहीं।''

संत ने अगला सवाल किया, ''क्या वह बिना मूल्य मिल सकता है?''

बस्तीवालों ने कहा, ''पानी बिना मूल्य ही हर जगह मिलता है।''

तब संत ने पूछा, ''मनुष्य के जीवन का क्या मूल्य है?''

दोनों ओर से उत्तर मिला, ''वह तो आँका ही नहीं जा सकता। जीवन तो अनमोल है।''

संत ने कहा, ''तब क्या वह अनमोल जीवन साधारण पानी के लिए नष्ट करना उचित है?''

संत की दलील सुनकर सभी चुप हो गए। तब संत ने कहा, ''शत्रुओं में अशत्रु होकर जीना ही सबसे बड़ा कौशल है। वैर को अवैर से जीतो।''

अपने प्रति अन्याय

एक बार किसी साधु की गाय किसी ने चुरा ली। जब लोग गाय ढूँढ़ने लगे, तब साधु ने कहा, ''गाय ले जाते समय मैंने चोर को देख लिया था, किंतु उस समय मैं जप कर रहा था, कुछ बोल नहीं सकता था।''

लोग चोर की निंदा करने लगे, ''कितना दुष्ट है वह।''

साधु ने कहा, ''मैंने उसे क्षमा कर दिया है। अब आप भी उसे क्षमा कर दो।''

लोगों ने कहा, ''महाराज, ऐसा दुष्ट भी क्या क्षमा करने योग्य होता है। उसे तो दंड मिलना चाहिए।''

साधु बोले, ''उसने मेरे प्रति तो कोई अन्याय किया नहीं, मैं क्यों क्रोध करूँ और दंड दिलाऊँ। गाय मेरे प्रारब्ध में अब नहीं होगी, इसलिए चली गई। उसने तो अपने प्रति ही अन्याय किया है, क्योंकि उसने चोरी का पाप किया, जिसका दंड उसे अब या जन्मांतर में अवश्य भोगना पड़ेगा।''

स्थिर-दृष्टि

एक संत के यहाँ एक दासी तीस वर्षों से रह रही थी। लेकिन उन्होंने उसका मुँह कभी नहीं देखा था। एक दिन उन्होंने दासी से कहा, "बहन! भीतर जाकर उस दासी को बुला तो देना।"

दासी ने विनम्र स्वर में कहा, "तीस वर्षों से तो मैं आपके ही समीप रही हूँ।

संत ने कहा, "तीस वर्षों से भगवान् के अतिरिक्त मैंने स्थिर-दृष्टि से किसी को देखा ही नहीं, इसी कारण तुम्हें भी नहीं पहचानता।"

लोभ से दूर रहो

एक बार एक आदमी ने किसी संत से कहा, "महाराज, गृहस्थ आश्रम में रहते हुए हम अपना धर्म निभाने के लिए सदैव प्रयत्न करते हैं, लेकिन फिर भी सांसारिक बंधनों सहित अनेक कारणों से हम सत्पथ पर चलने से अकसर चूक जाते हैं। हमसे गलतियाँ होती रहती हैं। उन्हें कम करने का सरल उपाय हमें बताइए, ताकि हमारा आत्मकल्याण हो सके।"

संत बोले, "वत्स, मानव जीवन में सबसे नुकसानदायक लोभ है। अत: इससे सदैव बचना चाहिए। जैसे सूर्य के प्रकाश में उल्लू को दिखाई नहीं देता, वैसे ही लाभ की चकाचौंध व लोभ में फँसकर इनसान सदाचार, रिश्ते-नाते, कर्तव्य, दायित्व और राष्ट्र व कुलधर्म तक को भूल जाता है। स्वार्थ में मनुष्य अपना विवेक खोकर पहले तो अपने प्रिय परिजनों, गुरु व मित्रों से छल करता है, फिर मौका लगा तो उनका वध भी कर देता है, लेकिन अंत में जब फ़ायदे की जगह नुकसान पाता है तो हाथ मलता है, सिर धुनता है और रोता, पीटता व पछताता है।"

संत के वचन सुनकर वह व्यक्ति नुकसान से बचने का उपाय जान गया।

पारस से भी कीमती वस्तु

एक बार एक व्यक्ति किसी संत के पास गया और बोला, ''महाराज, मैं बहुत गरीब हूँ, कुछ दो।''

संत ने कहा, ''मैं अकिंचन हूँ, तुम्हें क्या दे सकता हूँ? मेरे पास अब कुछ भी नहीं है।''

संत ने उसे बहुत समझाया, लेकिन वह नहीं माना। तब संत ने कहा, ''जाओ, नदी के किनारे एक पारस का टुकड़ा है, उसे ले आओ। मैंने उसे फेंका है। उस टुकड़े से लोहा सोना बनता है।''

यह सुनकर वह व्यक्ति दौड़ा-दौड़ा नदी के किनारे गया और पारस का टुकड़ा उठा लाया। फिर वह संत को नमस्कार कर घर की ओर चल दिया। वह अभी कुछ ही कदम दूर गया होगा कि मन में विचार उठा और वह उलटे पाँव संत के पास वापस लौटकर बोला, ''महाराज, यह लो अपना पारस, मुझे नहीं चाहिए।''

संत ने पूछा, ''क्यों क्या बात हो गई?''

वह व्यक्ति बोला, ''महाराज, मुझे वह चाहिए, जिसे पाकर आपने पारस को ठुकराया है। वह पारस से भी कीमती है, वही मुझे दीजिए।''

जब व्यक्ति में अंतर की चेतना जग जाती है, तब वह कामनापूर्ति के पीछे नहीं दौड़ता, वह इच्छापूर्ति का प्रयत्न नहीं करता।

असत्य का सहारा

स्वामी विवेकानंद अपने शिष्यों की भावनाओं का बहुत खयाल रखते थे। वे अपने शिष्यों की बातें बड़े ध्यान से सुनते थे, लेकिन करते वही थे, जो उन्हें उचित लगता था। किसी भी सलाह को वे पहले सत्य के निष्कर्ष पर कसते थे। उसके बाद ही उसके अमल पर निर्णय करते थे।

स्वामीजी के एक शुभचिंतक श्रद्धालु ने उन्हें एक बार सलाह दी, ''स्वामीजी अपने प्रवचन में आप ऐसा न कहा करें कि यह वेद-सम्मत है, बल्कि ऐसा कहें कि यह बात मुझे ईश्वर ने साक्षात् बतलाई है।''

यह सुनकर स्वामी विवेकानंद बोले, ''सत्य के प्रचार के लिए मैं असत्य का

सहारा नहीं ले सकता। असत्य के आधार पर सत्य का प्रचार करनेवाला व्यक्ति वस्तुतः असत्य का ही प्रचार करता है।''

दुःख का कारण

एक बार एक संत किसी गाँव में गए। वहाँ वे अपने एक पूर्व परिचित मित्र के यहाँ ठहरे। संत ने देखा कि उनका मित्र बहुत उदास है। उन्होंने मित्र से पूछा, ''जब मैं पिछली बार आया था, तब तुम बहुत प्रसन्न थे। इस बार इतने उदास क्यों हो?''

मित्र बोला, ''पहले इस गाँव में दुमंजिला मकान मेरा ही था। मैं बहुत प्रसन्न रहता था। अब मेरे पड़ोस में एक तिमंजिला मकान बन गया है। यह बात हरदम मुझे पीड़ा देती है।''

संत ने पूछा, ''किसी का तिमंजिला मकान बन गया, तो बन गया उसमें पीड़ा की क्या बात है?''

मित्र बोला, ''पड़ोस में तिमंजिला मकान बनने के बाद मेरी हैसियत छोटी हो गई है। यही मेरे तनाव का कारण है।''

यह सुनकर संत मुसकराते हुए बोले, ''जब तक तुम्हारा दुमंजिला मकान आबाद है, तब तक किसी के तिमंजिला मकान बनने से तुम परेशान क्यों हो। हो सकता है अगले साल तिमंजिले के पड़ोस में चौमंजिला मकान बन जाए। इसलिए जो तुम्हारे पास है, उससे संतुष्ट रहो। उस तिमंजिले मकान को इस तरह क्यों नहीं देखते कि तुम्हारा पड़ोसी समृद्ध हुआ है तो इससे तुम और भी समृद्ध हो गए हो।''

संत की बातों से उनके मित्र के मन का तनाव दूर हो गया।

मिठास और आत्मीयता

एक बार एक संत अपने शिष्यों के साथ किसी गाँव से गुजर रहे थे। रास्ते में एक व्यक्ति संत को देखते ही चिल्लाया, ''अरे तू कहाँ जा रहा है? महात्मा बनकर तो तू बहुत हट्टा-कट्टा हो गया है।'' यह कहकर उसने संत को गाली भी दे डाली।

लेकिन उसकी गालियों का संत पर कोई असर नहीं हुआ। वे मंद-मंद मुसकराते रहे। फिर उस व्यक्ति ने स्वामीजी को शिष्यों के साथ अपने घर चलकर भोजन का निमंत्रण दिया। आग्रह इतना प्रबल था कि स्वामीजी भी ठुकरा न सके। भोजन करने के दौरान वह व्यक्ति फिर संतजी को बात-बात में गाली देता रहा।

लौटते समय एक शिष्य ने पूछा, ''गुरुदेव, आप तो हमें असभ्य वाणी पर हमेशा टोकते रहते हैं, लेकिन उसे क्यों नहीं कुछ कहा?''

संत बोले, ''वत्स, तुमने उसके शब्द सुने, लेकिन भावना नहीं देखी। वह मेरे बचपन का मित्र है। वह तब भी मुझसे इस तरह की बात करता था और आज भी कर रहा है। ऐसी मिठास और आत्मीयता तो अत्यंत श्रद्धावान् व्यक्तियों के व्यवहार में भी नहीं होती।''

संत की उदारता

संत नजीर परमात्मा के परम भक्त थे। उनका विश्वास था कि भगवान् जो कुछ करते हैं, भलाई के लिए ही करते हैं। दीन-दुखियों की सेवा ही भगवान् की सेवा है। वे पेशवा के लड़के को शिक्षा देने जाया करते थे। उनके आने-जाने के लिए पेशवा ने एक घोड़ी का भी प्रबंध कर दिया था।

एक बार वे वेतन लेकर घोड़ी पर चढ़कर आ रहे थे कि रास्ते में उन्हें एक वृद्ध मिला। उसने संत नजीर को रोककर प्रार्थना की कि वे उसकी कुछ आर्थिक सहायता करें। पूछने पर उसने बताया कि उसे अपनी लड़की का विवाह करना है। यदि उसे कुछ रुपए मिल जाएँ, तो वे विवाह के काम आ सकेंगे।

यह सुनकर संत नजीर बोले, ''बाबा, तुम्हारी जरूरत मेरी जरूरत समझो। ईश्वर की इच्छा थी कि हम दोनों की मुलाकात हो, इसलिए उसने यह भेंट कराई है। अच्छा हुआ आज मेरी गाँठ में खासी रकम है। इसे ले लो और बेटी का विवाह कराओ।''

बूढ़े ने स्वप्न में भी नहीं सोचा था कि एक व्यक्ति से ही उसे इतना अधिक रुपया मिलेगा। संत की उदारता देख उसकी आँखों में आँसू आ गए। उसने उन्हें

बार-बार धन्यवाद दिया। यह देखकर नजीर बुदबुदाए—

दौलत जो तेरे पास है, रख याद तू ये बात।
खा तू भी और अल्लाह की कर राह में खैरात॥

परमात्मा को कैसे खोजें

सूफी संत शेख फरीद एक नदी के किनारे बैठे थे। तभी एक शिष्य ने आकर जिज्ञासा की कि परमात्मा को कैसे खोजें? फरीद ने उससे कहा, ''मैं नहाने जा रहा हूँ, तुम भी साथ चलो।'' दोनों स्नान करने चले। फरीद नदी में उतरे तो उनके साथ-साथ वह भी नदी में उतरा। लगातार उसके मन में यह बात उठ रही थी कि परमात्मा और नहाने का ताल्लुक क्या है? फरीद बड़े मजबूत आदमी थे। जैसे ही शिष्य ने पानी में डुबकी लगाई, फरीद ने उसकी गरदन दबोच दी और पानी में ही डुबोकर रखा। शिष्य ने बड़े हाथ-पैर पटके, खूब जोर लगाया, लेकिन फरीद की पकड़ से नहीं छूट पाया। आखिर जब साँस घुटने लगी, तब उसने ऐसा झटका दिया कि फरीद की पकड़ से बाहर हो गया। उसने गुस्से से कहा, ''मैं तो आया था, भगवान् को खोजने, मगर आप तो मुझे मार ही डाल रहे हैं।''

संत फरीद ने बड़े शांतभाव से कहा, ''इस बारे में बाद में बात करेंगे। पहले यह बताओ, जब मैंने तुम्हें पानी के नीचे डुबाए रखा था, तब कितनी इच्छाएँ तुम्हारे मन में आई थीं?''

शिष्य ने कहा, ''गुरुदेव एक ही इच्छा थी कि एक बार साँस ले सकूँ। फिर तो वह भी खो गई। फिर तो मुझमें और मेरी साँस पाने की आकांक्षा में कोई भेद न रहा। मैं ही वह आकांक्षा हो गया। तभी मैं आपके पंजे से निकल सका।''

यह सुनकर संत फरीद बोले, ''बस, यही मेरा जवाब है। जिस दिन ईश्वर को इतनी ही उत्कटता से चाहने लगोगे कि जीव और ब्रह्म में भेद नहीं रहेगा। उसी क्षण ईश्वर मिल जाएगा।''

संत का उपदेश

एक बार एक महात्मा भिक्षा माँगते हुए एक घर के पास खड़े होकर बोले, ''भिक्षाम् देहि!''

आवाज सुनकर तुरंत एक स्त्री बाहर आई और संत की झोली में भिक्षा डालकर बोली, ''महाराज, हमें ज्ञान का उपदेश दीजिए।''

संत बोले, ''आज नहीं कल।''

दूसरे दिन उसी घर के सामने उन्होंने आवाज लगाई।

उस दिन स्त्री ने खीर बनाई थी। वह खीर का कटोरा लेकर आई। संत ने कमंडल आगे कर दिया। स्त्री ने देखा कि कमंडल में कूड़ा-करकट और गोबर गिरा हुआ है। यह देख उसके हाथ रुक गए। वह बोल उठी, ''महाराज, यह कमंडल तो गंदा है।''

संत बोले, ''तुम ठीक कह रही हो, लेकिन यह खीर इसी में डालो।''

स्त्री ने संयत स्वरों में कहा, ''नहीं महाराज! खीर खराब हो जाएगी। यह कमंडल मुझे दे दीजिए। मैं अभी इसे साफ कर लाती हूँ।''

संत ने कहा, ''पुत्री, तुमने कल मुझे उपदेश देने की बात कही थी। मेरा यही उपदेश है। मानव मन में अनेकानेक गंदगियाँ भरी हुई हैं। चिंताओं का कूड़ा-करकट और बुरे संस्कारों का गोबर भरा हुआ है। तब तक उपदेशामृत का कोई लाभ न होगा, जब तक कि वह गंदगी साफ नहीं हो जाती। पहले मन के दर्पण को स्वच्छ व शुद्ध करो, तभी भगवत ध्यान में मन लगेगा और सच्चा आनंद प्राप्त होगा।''

तीन प्रश्न

सुकरात अपनी विद्वत्ता और विनम्रता के कारण काफी मशहूर थे। एक बार वे बाजार से गुजर रहे थे कि उनका एक परिचित मिला। उसने सुकरात को नमस्कार किया। फिर कहा, ''जानते हैं, कल आपका मित्र आपके बारे में क्या कह रहा था…।''

सुकरात ने उसे बीच में ही रोका और बोले, ''मित्र, मैं तुम्हारी बात जरूर सुनूँगा, पर पहले मेरे तीन प्रश्नों के उत्तर दो। पहला प्रश्न यह है कि जो बात तुम

मुझे बताने जा रहे हो, क्या वह पूरी तरह सही है?''

उस आदमी ने कुछ सोचा, फिर कहा, ''नहीं, मैंने यह बात सुनी है।''

यह सुनकर सुकरात बोले, ''इसका मतलब तुम्हें पता ही नहीं कि वह सही है। खैर, मेरा दूसरा प्रश्न है—क्या तुम जो बात मुझे बताने जा रहे हो, वह मेरे लिए अच्छी है?''

उस आदमी ने तत्काल कहा, ''नहीं, वह आपके लिए अच्छी तो नहीं है। आपको उसे सुनकर दुःख होगा।

इस पर सुकरात ने कहा, ''अब तीसरा प्रश्न, तुम जो बताने जा रहे हो, क्या वह मेरे किसी काम की है?''

उस व्यक्ति ने कहा, ''नहीं तो, उस बात से आपका कोई काम नहीं निकलने वाला।''

तीनों उत्तर सुनने के बाद सुकरात बोले, ''ऐसी बात जो सच नहीं है, जिससे मेरा कोई भला नहीं होनेवाला, उसे सुनने से क्या फायदा! और तुम भी सुनो! जिस बात से तुम्हारा भी कोई फायदा नहीं होनेवाला हो, वैसी बात तुम क्यों करते हो?''

यह सुनकर वह व्यक्ति लज्जित हो गया और चुपचाप वहाँ से चला गया।

ज्ञान और भक्ति की कुंजी

एक बार एक साधु रानी रासमणि के कालीजी के मंदिर में आया, वहाँ पर रामकृष्ण परमहंस रहा करते थे। एक दिन उनको कहीं से भोजन न मिला। उन्होंने किसी से भी भोजन के लिए नहीं कहा। थोड़ी दूर पर एक व्यक्ति रोटी खा रहा था। वे दौड़कर उसके पास गए और बोले, ''भैया, तुम मुझे बिना खिलाए क्यों खा रहे हो?'' यह कहकर वे उसी के साथ खाने लगे।

भोजन करने के पश्चात् वह साधु काली मंदिर चले आए और इतनी भक्ति से माता की स्तुति करने लगे कि सारे मंदिर में सन्नाटा छा गया। जब वे जाने लगे तो रामकृष्ण परमहंस ने अपने भतीजे हृदयमुखर्जी से कहा, ''बच्चा, इस साधु के पीछे-पीछे जाओ और वह जो कहे, मुझसे आकर कहो।''

हृदय उसके पीछे जाने लगा। साधु ने पीछे मुड़कर उससे पूछा, ''मेरे पीछे-पीछे क्यों आ रहे हो?''

हृदय ने कहा, "महात्माजी मुझे कुछ शिक्षा दीजिए।"

साधु ने कहा, "जब तू इस गंदे घड़े के पानी को और गंगाजल को समान समझेगा और जब इस बाँसुरी की आवाज और इस जनसमूह की कर्कश आवाज तेरे कानों में समान रूप से मधुर लगेगी, तब तू सच्चा ज्ञानी बन सकेगा।"

हृदय ने लौटकर सारा वृत्तांत रामकृष्ण परमहंस को सुनाया। परमहंस ने कहा, "उस साधु को वास्तव में ज्ञान और भक्ति की कुंजी मिल चुकी है। ज्ञान प्राप्त साधु ही समदर्शी होते हैं।"

हँसी का राज

एक दिन चीन के प्रख्यात दार्शनिक चवांगत्से सड़क किनारे खड़े होकर हँस रहे थे। यह देखकर लोगों को बेहद आश्चर्य हुआ। एक व्यक्ति से रहा नहीं गया। उसने पूछा, "आखिर किस बात को लेकर आप इस तरह सड़क के किनारे खड़े होकर हँस रहे हैं?"

यह सुनकर संत चवांगत्से ने उसी तरह हँसते हुए कहा, "सड़क के बीच में पड़ा वह पत्थर देख रहे हो? उससे तो न जाने कितने लोगों को ठोकर लग चुकी है। फिर भी लोग पत्थर को कोसते हुए आगे बढ़ जाते हैं, लेकिन कोई उसे किनारे रखने के बारे में नहीं सोचता ताकि किसी और को ठोकर न लगे।"

उनकी यह बात सुनकर वहाँ खड़े सभी लोग लज्जित हो गए। उन्होंने उस पत्थर को हटाकर किनारे कर दिया।

भौतिक पीड़ा का अनुभव

एक बार एक व्यक्ति ने संत फरीद से पूछा, "महाराज, मैंने सुना है कि जब मंसूर को काटा जा रहा था, वह हँसते रहे और जब ईसा को सूली पर चढ़ा रहे थे, तब वे भी यही कहते रहे कि हे प्रभु! इन्हें क्षमा करना, इन्हें नहीं पता कि ये क्या कर रहे हैं। आखिर ऐसा कैसे संभव है कि कोई मुझे मारे-काटे और मैं उसे अनदेखा कर क्षमा कर दूँ।"

यह सुनकर संत फरीद ने उस व्यक्ति को एक कच्चा नारियल दिया और कहा, ''जाओ, इसे तोड़कर लाओ, लेकिन ध्यान रखना अंदर की गिरी साबुत रहे।''

उस व्यक्ति ने नारियल को तोड़ा, लेकिन गिरी साबुत नहीं निकली, टूट गई। फरीद ने पूछा, ''ऐसा क्यों हुआ?''

वह व्यक्ति बोला, ''महाराज, असल में इसकी गिरी अभी बाहरी खोल से जुड़ी हुई थी।''

इस बार संत फरीद ने उसे एक पका नारियल तोड़ने को दिया, उसके अंदर की गिरी बज रही थी। उसमें से साबुत गिरी आसानी से निकल आई। फरीद ने कहा, ''अब समझो! तुम्हारी समझ और मंसूर या ईसा की समझ में कच्ची-पक्की गिरी जितना ही अंतर है। जितना मन और शरीर कच्ची गिरी की तरह एक-दूसरे से जुड़े होते हैं, उन्हें शरीर रूपी बाहरी खोल से पके नारियल की तरह अलग हो जाता है, उन्हें इस भौतिक पीड़ा का अनुभव नहीं होता।

□□□